说服力

11天打造超级口才

刘 斌/著

南京出版传媒集团
南京出版社

图书在版编目（CIP）数据

说服力 : 11天打造超级口才 / 刘斌著. -- 南京 : 南京出版社, 2017.6

ISBN 978-7-5533-1764-9

Ⅰ. ①说… Ⅱ. ①刘… Ⅲ. ①说服－语言艺术－通俗读物 Ⅳ. ①H019-49

中国版本图书馆CIP数据核字（2017）第088678号

书　　名：说服力 : 11天打造超级口才
作　　者：刘　斌
出版发行：南京出版传媒集团
南　京　出　版　社

社　　址：南京市太平门街53号　　邮编：210016
网　　址：http://www.njcbs.cn　　淘宝网店：http://njpress.taobao.com
天猫网店：http://njcbcmjtts.tmall.com　　电子信箱：njcbs1988@163.com
联系电话：025-83283893、83283864（营销）　025-83112257（编务）

出 版 人：朱同芳
出 品 人：卢海鸣
责任编辑：吴新婷
装帧设计：金　刚
责任印制：杨福彬

印　　刷：三河市兴国印务有限公司
开　　本：710毫米×1000毫米　1/16
印　　张：15.5
字　　数：206千字
版　　次：2017年6月第1版
印　　次：2017年6月第1次印刷
书　　号：ISBN 978-7-5533-1764-9
定　　价：39.80元

营销分类：畅销　励志

目录
contents

//

第三天

应变：机巧灵敏的语言利器

第四天

沟通：心灵与心灵的碰撞

第五天

话题：找准话题层层推进

第六天

说服：攻占别人的内心

第七天

推销：婉转有力的营销口才

第八天

谈判：针锋相对的语言较量

第九天

商谈：生意场上的语言技巧

第十天

当众演讲：声情并茂感动听众

第十一天

强化训练：快速掌握说话技巧

第一天

赞美：拨动心弦的天籁之音

赞美是世界上最美的语言，这种语言如果运用得当，往往起到意想不到的效果。很多时候，一句不经意的赞美，会触动人类最敏感的心弦，让对方感动莫名、欣喜莫名。但赞美也要注意技巧，如果运用不当，则会弄巧成拙，让人讨厌。

千姿百态的说话艺术

我们每个人，从牙牙学语开始，一生要说出无数句话。即便是一个哑巴，也会用手语和表情来表达自己的思想。如此多的人，说如此多的话，必然千姿百态、异彩纷呈。

让我们走进人群，只要随手拈来，就可以大有收获。

有位营业员，接待了一位年近花甲的老大娘。老大娘选好了两把牙刷，由于营业员又忙着去接待另一位顾客，老大娘道声谢后就抬脚走了。

这时营业员才想到钱还没收。

营业员一看大娘离柜台不远，便略提高声音，十分亲切地说："大娘，你看！"

老大娘以为什么东西忘在柜台上了，便走过来，营业员举着手里的包装纸，说："大娘，真对不起，您看，我忘记把您的牙刷给包上了，让您这么拿着，容易落上灰尘，多不卫生呀，这是入口的东西。"

说着，接过大娘的牙刷熟练地包装起来，边包边说："大娘，这牙刷，每支一元，两支共两元。"

"呀，你看看，我忘记给钱了，真对不起！"

"大娘，我妈也有您这么大年纪了，她也什么都好忘！"

看，这个营业员用一个小小的"迂回术"，很自然地把大娘请了回来，又很自然地把话引到牙刷的价格上，这样一点拨，大娘也就马上意识到了。

整个谈话中，这位营业员没有一个发难的词，没有一句说及钱未付，启发得十分自然，引导得十分巧妙。如果他不是使用“迂回术”，而是对着刚离开柜台的大娘喊一声：“哎，您还没付钱呢！”这样做也未尝不可并且省力多了，但是，对方会十分难堪。而使顾客难堪，对做生意是不利的。

语言的魅力千姿百态，能说会道的人成千上万。假如要举行一场比赛，选出一个世界上最会说话的人，那场面肯定会热闹得很。当然了，世界上会说话的人不计其数，也未必非要弄出个排行榜不可。其实，只要能在最恰当的场合说出最恰当的话，就是最会说话的人。

在中国，说话还有很多“别称”，山东人叫“拉呱”，东北人叫“唠嗑”，而到了北京人那里，说话聊天又成了“侃大山”。尤其是这最后的“侃”，影响最大，也大有学问。

所谓“侃”，就是侃侃而谈的意思，比如在一些人中间能将某人某事说得头头是道。“对侃”是讲几个人各人都能说一套，把一个话题说深说透。训练口才，不应放过一切“侃”的机会，要大胆地“侃”，饶有兴味地“侃”，互不相让地“侃”。

能说会道的人被戏称为“侃爷”，走遍大讲南北，这类人非常多。当“侃爷”什么都不要，只两张嘴皮子就可以了。“侃”是闲谈、聊天，看似东拉西扯、漫无边际，其实相互补充见闻，既可以消磨时光，又可以打开眼界。

名人们也爱“侃”，往往一“侃”就会点着思想的火花，渐渐酝酿出新的见解。鲁迅的《门外文谈》最初就是炎炎夏日的夜晚，在“门外”同几位邻居对“侃”，后来写出来的。爱因斯坦的一些重要科学观点，据说是同朋友在瑞士伯尔尼奥林比亚咖啡馆聚会时，一边吃着简便的晚餐，一边无拘无束地对“侃”，然后再经过深入思考提出来的。

不过，像鲁迅、爱因斯坦那些名人那么“侃”的人实在太少了。所以，“侃爷”也是分层次的。有的人，碰到一起就叽叽咕咕，说的都是背后损人的话，那种“侃爷”最叫人生厌了。还有的人不侃则罢，一“侃”准带点儿“荤”，什么打情骂俏、桃色新闻，“侃”得眉飞色舞、口沫横飞、不堪入耳，这样的人就有点无聊了。现在社会环境宽松，“侃”的范围很广泛，干吗要“侃”那些无聊的东西？

因此说，“侃”有“侃”的品位，高品位的“侃”益智明理，增长见识，也训练口才；低级的“侃”，污言秽语、夸夸其谈、浪费时光，最终一事无成，不如不“侃”！

赞美是一种高明的技巧

现实生活中，很少有人不喜欢赞美。

这是因为在他们内心中，最基本的需求是渴望得到别人的欣赏和认可。当一个人受到别人称赞，这种渴望得以实现，于是会感到特别愉快和喜悦。

一句话，赞美使人的虚荣心得到最直接的满足！

大作家马克·吐温曾经夸张地承认，一句美好的赞扬，能使他不吃不喝活上两个月。俄国文豪托尔斯泰说：“就是在最好的、最友善的、最单纯的人际关系中，称赞和赞扬也是必要的，正如润滑剂对轮子是必要的，可以使轮子转得快。”

因此，在与人交流时如果多一些赞美之词，往往能博得别人的好感，给自己赢得一个“会说话”的美名。然而，赞美也要讲究分寸，说得太过，会有谄媚、巴结之嫌，而且听着也肉麻。如果平淡无奇，甚至干干巴巴，又收不到赞美的效果。

比如一位母亲赞美孩子：“你是一个好孩子，有了你，我感到很欣慰。”这种话就很有分寸，不会使孩子骄傲。但如果这位母亲说：“你真是一个天才，在我看到的小孩子中，没有一个赶得上你的。”那会把孩子引入歧途，让他（她）认为事情真是这样。

可见，赞美既不能太过火，也不能太平淡。

常见有人称赞别人时，显得漫不经心，如“你这篇文章写得蛮好的”“你这件衣服很好看”“你的歌唱得不错”等，这种空洞的赞美，非但不能使对方感到高兴，有时甚至会由于你的敷衍而引起别人的反感和不满。

因此，称赞别人要尽可能热情些、具体些。

比如，称赞别人文章写得好，可以这样说：“你这篇文章写得真是不错，语言优美、故事生动，特别是在人物的刻画上，非常到位。”

赞美别人的衣服漂亮，可以说：“你这件衣服太好看了，款式、颜色搭配得恰到好处，穿在你身上再适合不过了。”

赞美别人歌唱得不错，可以说：“你的歌唱得真好，格调优美，声音也很有磁性。”

赞美他人作为一种沟通技巧，不是随口说几句好听的恭维话就可奏效的。事实上，赞美他人也有一定的原则和技巧，“出口乱赞”其结果只会适得其反。同时，对他人的赞扬也不能太过火，只有适度的赞扬才会使人心情舒畅，否则就会使人感到难堪、反感，或觉得你在拍马屁。具体来说，需要把握以下几点原则：

一、态度必须真诚。

每个人都珍视真心诚意，它是人际交往中最重要的尺度。赞美他人也是如此，如果你的赞美不是出于真心，对方就不会接受这种赞美，甚至怀疑你的意图。所以在赞美他人时，为避免引起类似误会，你必须确认你所赞美的人“确有其事”，并且要有充分的理由去赞美他。比如一位你所熟悉的美貌女士，你可以对她说："你真美。"这样她可能会感激你对她的赞美。但如果你对一位其貌不扬的女士说这句话，则可能会引起她的反感。

真诚的赞美，应该具有以下特点：

1．语调要热诚生动，不要像背书稿一样。

2．一定要简要，浅白，流利顺畅，要讲平常所说的话。

3．要有创意，赞美别人赞美不到的地方。

除非你是诚心赞美，否则不要去夸别人。否则，虚情假意的赞美只能让人觉得你是在嘲笑或嫉妒他人。但如果你非得言不由衷，那么至少要听上去和看上去像是真心的。

二、措辞一定要准确、得当。

在赞扬别人时，不要使用模棱两可的表述，而要务求准确。一些人似乎认为，含糊其辞的赞美比沉默要好，其实不然，含糊的赞扬往往比侮辱性的言辞还要糟糕。像"嗯……有点意思""挺好"和"没那么糟"只会引人反感。

下面是十个人们常用的经典赞美句子：

1．你今天看起来真棒！

2．你干得非常好。

3．我为你骄傲。

4．我对你的工作非常满意。

5．你看上去真精神／真漂亮！

6．你总是说话这么得体。

7．多么可爱的孩子。

8．你的性格／脾气真好。

9．你真幽默。

10．你的事业很成功。

三、时机一定要掌握好。

赞美别人也要看时机，时机不对，再高明的赞美也会适得其反。比如，当对方恰逢情绪特别低落，或者有其他不顺心的事情时，过分的赞美往往让对方觉得不真实，此时一定要注重对方的感受。“凭你自己的感觉”是一个好方法，每个人都有灵敏的感觉，也能同时感受到对方的感觉。要相信自己的感觉，恰当地把它运用在赞美中。如果我们既了解自己的内心世界，又经常去赞美别人，相信我们的人际关系会越来越好。

总之，赞美一定坚持一定的原则，把握一定的技巧，不要随时随地胡乱赞美。把赞美之辞说得含而不露、恰到好处，才是最高明的说话技巧。

“高帽子”要送得巧妙

要赞美一个人，多准备几顶“高帽子”当然在所难免。所谓的“高帽子”，是指一些奉承话、恭维之辞，把对方的优点加以拔高、放大。这样的话有明显讨好之意，所以在增送“高帽”之时，一定要送得巧妙，最高明的做法是自然而然，不露痕迹。

有个人死了，灵魂被抓到阎罗殿里。

阎王对他说：“听说你生前喜欢逢迎拍马、送高帽，像你这样的人，就该打入十八层地狱，永世不得超生！”这人连声大呼：“冤枉啊，我冤枉！”

阎王怒道：“事实俱在，你有何冤枉？”

这人说：“大王容禀，并非是小人喜欢送人高帽子，实在是凡间的人都喜好高帽。如果每个人都像大王这样铁面无私、刚正不阿，小人是万万不敢送高帽的。”

阎王一听，立刻转怒为喜：“嗯，看来你说的倒有些道理。算啦，今天就饶你一命，赶快投胎还阳去吧。”这人心中暗喜：高帽子又送出一顶矣！

没有人会拒绝“高帽子”，就连“阎王爷”也难以拒绝别人的奉承。说服别人并不容易，但如果借助于“高帽子”的魔力，就会变得容易多了。

所谓“高帽子”，就是对别人的能力和品格进行美化，这是说服别人必备的细节。想想看，谁不愿意听到美化自己的语言呢？谁又会不认同美化自己的人呢？

有一位杂志社编辑，他对说服那些作家很有一套。不论那些人如何繁忙，他都有办法使那些人答应为他写稿。那些作家在他面前谁都无法拒绝他的要求。

他常常这样说：“当然我知道您很忙，就是因为您很忙，我才无论如何请您帮个忙。那些过于空闲的作家写出来的作品，总不如您的好。”

据他所说，这种说法从未失误过。

一般来说，当对方已有很充分的拒绝理由，想让他接受你的请求是十分困难的。但若能运用前述那位编辑的技巧，先给对方来个“高帽子”，便会使他无法拒绝，这就是巧妙地使对方的“不”成为“是”的一种技巧。

有的人在求人办事之前对自己的事只字不提，先抓住对方的优点夸赞一番。人们都尊崇礼尚往来，你对他大夸特夸，他也不好意思不回敬你一番。好听的话令人感到开心和愉快，这对于说话的人来说是没有任何损失的。

因此，你可在说服别人之前多准备一些“高帽子”，这样就能使你至少减少一半以上的麻烦。

感光胶卷的发明者、世界最有名望的商人之一——伊斯曼曾经在曼彻斯特建过一所伊斯曼音乐学校。同时，为了纪念他的母亲，还盖过一所著名戏院。当时，纽约高级座椅公司的总裁亚当森想得到这两座建筑里的大笔座椅的订货生意。于是，亚当森同负责大楼工程的建筑师通了电话，约定拜见伊斯曼先生。

为了使谈话效果更好，亚当森拜访了这两座建筑的建筑师。建筑师比较了解伊斯曼，于是，他向亚当森提出忠告：“我知道你想争取这笔生意，但我不妨先告诉你，如果你占用的时间超过了5分钟，那你就一点希望也没有了。他是说到做到的，他很忙，所以你得抓紧时间把事情讲完就走。同时，你要尽量多地运用世界上最动听的语言——赞美。”

亚当森被领进伊斯曼的办公室，伊斯曼正伏案处理一堆文件。

过了一会儿，伊斯曼抬起头来，说道：“早上好，先生，有事吗？”

建筑师先为他俩彼此做了引见，然后，亚当森满脸诚意地说：“伊斯曼先生，在恭候您时，我一直欣赏着您的办公室，我很羡慕您的办公室，假如我自己能有这样一间办公室，那么即使工作辛劳一点我也不会在乎的。您知道，我从事的业务是房子内部的木建工作，我一生还没有见过比这更漂亮的办公室呢。”

伊斯曼回答说：“多亏您提醒，我记起了差点儿遗忘的东西，这间办公室很漂亮，是吧？当初刚建好的时候我对它也是极为欣赏，可如今，我每天在这儿，心里都想着许多别的事情，有时甚至一连几个星期都顾不上好好看上这房间一眼。”

亚当森走过去，用手来回抚摸着一块镶板，那神情就如同抚摸一件心爱之物：“这是用英国的栎木做的，对吗？英国栎木的组织和意大利栎木的组织就是有点儿不一样。”

伊斯曼答道：“不错，这是从英国进口的栎木，是一位专门同细木工打交道的朋友为我挑选的。”

接下来，伊斯曼带亚当森参观了那间房子的每一个角落，他把自己参与设计并建造的部分一一指给亚当森看。他还打开一只带锁的箱子，从里面拿出他的第一卷胶片，向亚当森讲述他早年创业时的奋斗历程。

这时候，他们的谈话已进行了两个小时了。后来亚当森轻而易举地获得了那两幢楼的座椅生意。

大多数人都希望自己被认同，那种被抬高的感觉，能使人心情愉快舒爽。所以，我们在说服别人的过程中，最好能抓住对方引以为豪的长处加以赞赏，必然会得到他的好感，要说服他、或者请他帮忙也就不再是难事了。

察言观色，仔细了解你的赞美对象

擅长赞美的人，一般都有察言观色的本事。

比如清朝的巨贪和珅，就是深谙此道的高手。抛开他本人的品行好坏不说，我们不能不承认，他的沟通技巧、察言观色的本领确实已经登峰造极了。据说乾隆皇帝不用说话，只需一个眼神、一个动作，和珅就能马上猜到他需要什么。

和珅原是一名小小的侍卫，他的发迹很有些戏剧性：

一天，乾隆皇帝外出狩猎，仓促间求黄龙伞盖不得，乾隆顿时火冒三丈，喝问道：“这是何人所为？”皇帝发怒，非同小可，一时间，各官员瞠目相向，不知所措，而和珅却应声答道："典守者不得辞其责！"他声音洪亮，口齿清晰，语言干脆。

乾隆皇帝不禁一怔，循声望去，只见说话人仪态俊雅、气质非凡，乾隆不禁更为惊异，叹道："若辈中安得此人！"问其出身，知是官学生，虽然学识不高，但毕竟乃读书人出身，这在侍卫中也属凤毛麟角了。乾隆皇帝一向重视文化，尤重四书五经，对一些读过四书五经的满族生员，当然更加另眼相看，所以一路上便向和珅问起四书五经的内容来。

这和珅原本就不是泛泛之辈，对四书五经也很有研究，居然对答如流。至此，和珅进一步引起了乾隆帝的好感，遂派其总管仪仗，升为侍卫。从此和珅官运亨通，青云直上。一次偶然的机遇，便为和珅铺平了升迁之路。

和珅在乾隆面前巧妙运用了几句话，便官运亨通，不可一世。这充分表明他懂察言观色、善于沟通的能力。事实上，和珅后来就是凭着一套察言观色的本事、精明老练的言谈才赢得乾隆皇帝的信任，最终飞黄腾达，权倾朝野的。

作为一名沟通高手，交谈的同时，一定要认真、仔细地观察你的谈话对象。你要有非常敏锐的触觉，从对方言行举止中，准确捕捉到你需要的信息。

比如，朋友刚刚失恋，很痛苦，找你来倾诉。但他（她）不好意思直说，只是显得闷闷不乐。你如果懂得察言观色，就要迅速发现这一点，并且引导他（她）说出自己的苦恼，进而劝导、安慰对方。

反之，如果你一味大大咧咧，根本注意不到朋友的情绪，还一个劲地炫耀自己的"美好爱情"。其结果，只会让朋友更受刺激。

可见，学会察言观色的目的，就是要了解对方最关心的问题，掌握其心理。

有位女孩在一个陌生的城市里工作，周末闲得无聊，便去参加舞会来排遣寂寞。但当时她脸上长了许多“青春痘”，有点自卑，不敢与人接触，只好躲在一个角落里，结果舞会过半也没人来邀请她。

这一切都被一位细心的小伙子看在眼里，于是，小伙子便走过来，非常礼貌地请她“赏光”，女孩自然是又惊又喜。一曲终了，小伙子真诚地夸赞道：“你的舞跳得不错嘛，干吗躲在一边让人不敢请？”轻轻地一句赞美，令女孩深受感动。于是，片言只语间，两人熟了起来。

结交一个朋友并不难，友谊往往在不经意间产生。只要你懂得察言观色，善于打开别人的心扉，就会收到意想不到的效果。

一个人的性格、优点、缺点等，都会在谈话过程中表现出来，只要你能细心观察，这种信息都会对你们进一步沟通大有帮助。不过，有一点一定要注意：你观察到的信息也不一定完全准确。因为“人心隔肚皮”，有些人可能表现得很高雅，其实骨子里俗不可耐；有的人说话很谦虚，其实内心非常傲慢……

眼睛有时候也会欺骗人，观察得来的信息也不能全信，也要细加分析。如果你把一个伪君子当成真君子来对待，结果可想而知。因此，察言观色一定要看其内心，切不可只观其表面。具体来说，要做到以下几点：

1. 深入了解，看你的交谈对象是否喜欢吹牛，如果是，你就要小心了，不要把他“吹”出来的东西当成事实。

2. 不要只听他说话，更要看他的行动。如果一个人总是说一套做一套。那你和他沟通的时候，就不要轻信他的许诺。

3. 看他是不是喜欢说谎，如果是，对他的话就不要太当真。这一点很好发现，因为假话就是假话，它是经不住推敲的。

舌绽莲花，赞美话要说得美妙动听

学会赞美，你就拿到了与人交往的通行证。从功利性的角度去考虑，赞美别人是我们搞好人际关系、拓宽业务面的必备功夫。这是人类独有的自尊心、虚荣心在起作用。人最喜欢得到别人的赞美，因为只有通过别人的赞美，他才感觉得到别人对他的认可和他自身的价值。所以，不管在任何时候、任何地点，千万不要吝啬我们的赞美。

比如，父母经常赞美孩子，家庭气氛和睦、欢乐；领导经常赞美下级，职工的积极性、创造性不断被激发、被调动。赞美之于人心，如阳光之于万物。在我们的生活中，人人需要赞美、人人喜欢赞美。这绝不是虚荣心的表现，而是渴求上进以及寻求理解、支持与鼓励的表现。爱听赞美，出于人的自尊需要，是一种正常的心理需要。经常听到真诚的赞美，明白自身的价值获得了社会的肯定，有助于增强自尊心、自信心。

有的人吝惜赞美，很难赏赐别人一句赞美的话，他们不懂得，多正面引导、多表扬鼓励，是思想教育工作的一条规律。予人以真诚的赞美，体现了对人的尊重、期望与信任，并有助于增进彼此间的了解和友谊，是协调人际关系的好办法。人人皆有可赞美之处，只不过长处优点有大有小、有多有少、有隐有显罢了。只要你细心，就随时能发现别人身上可赞美的“闪光点”。即使缺点较多或长期处于消极状态的人，只要稍有改正缺点、要求上进的可喜苗头，就应及时给予肯定、赞扬。须知你不仅仅是在肯定、赞美某一个人，而是在为建设社会主义精神文明添砖加瓦。

赞美一个人或一个集体，并不难。难在真心诚意，难在确有实效。

谄谀与捧杀，都是带糖衣的毒品。这种“赞美”，或言不由衷，或夸大到登峰造极、令人难以置信的地步，或无中生有、张冠李戴、夸赞对方并不具有的优点和长处，甚至心怀叵测地夸赞对方的缺点、错误，以达到不可告人的目的。这些“赞美”，都不是正常社交往来的手段，而是勾心斗角时用以讨好、利用或迷惑、麻痹对方的阴谋伎俩。对至爱亲朋的赞美，当然出于善意的初衷，但往往不自觉地带有偏爱或捧场的倾向。你可以态度更热情，语气更热烈。但对人对事的评价绝不能脱离客观事实的基础，措辞也应当有一定的分寸。身为领导干部或专家学者，如果要在大庭广众之中公开赞扬某个人或某个单位，更要经过长期考察、全面了解与深思熟虑，力求客观、公正，不夸大、不缩小、不走样。因为你的赞扬常常被当成权威性的评价，不仅关系到被赞扬者，而且可以影响社会舆论导向。

最有实效的赞美不是“锦上添花”，而应是“雪中送炭”。最需要赞美的不是早已美名天下扬的人，而是那些自卑感很强的人，尤其是其中被错当成“丑小鸭”的“白天鹅”。他们平生很难听到一声赞美，一旦被人当众真诚地赞美，就有可能复苏尊严，自尊心、自信心倍增，精神面貌焕然一新。对于任何一个人来说，最值得赞美的，不应是他身上早为众所周知的明显长处，而应是那蕴藏在他身上，既极为可贵又尚未引起重视的优点。这种赞美，为进一步开发他潜在的智慧与力量开辟了一个新领域，有助于他在攀登事业高峰的征途上，更上一层楼。内容明确、有特点的赞美，比一般化的赞美可贵、也更可信。与其空泛、笼统地赞美对方很聪明、能干，不如具体地赞美他办成的几件聪明事。这样才有助于他真正发现、发挥自己的长处和优势，激发起更强的上进心、荣誉感和自豪感。

赞美，不一定局限于对个人，也可包括对他所从事的职业，所属的民族、国家、籍贯，以至他工作的单位、就读的学校。这种对群体的赞美，在现代的集体社交活动中，具有特殊的公共关系效果。

有的人不习惯于当面直接赞美别人，或不习惯于当面被直接赞美。而恰如其分的间接赞美，其意义与效果并不亚于直接赞美。如“严师出高徒”“将门出虎子”“名厂无劣品”之类的说法，就道出了间接与直接的关系。直接赞美劳动成果，往往就是间接赞美生产、培植出这硕果的劳动者。

有的放矢，赞美必须找对点

赞美是最好、也是最容易掌握的说话艺术。历史上很多人，正是因为学会了赞美的艺术，才获得比别人更大的成就。佛教里，弥勒菩萨和释迦牟尼佛本乃同时修行，但释迦牟尼佛因为多修了一些赞美的语言，因此早于弥勒菩萨三十劫成佛。

赞美是一件好事，但绝不是一件易事。赞美别人时如不审时度势，不掌握一定的赞美技巧，即使你是真诚的，也会变好事为坏事。所以，赞美的话不是随便说的，一定要有的放矢才能起到作用。

赞美必须选对"点"，比如我们赞美唐太宗，只说他勤政爱民；赞美武则天，只说她善于用人；赞美康熙帝，只说他善于融合民族。乃至对唐代的名相功臣，例如长孙无忌也只说他是一代良相，对魏征则说他是有风骨的谏臣等等。

反之，如果赞美的不是地方，不但不会让对方高兴，还会起到相反的效果。

近代画家张大千先生，留了一把很漂亮的胡子，人称"美髯公"。由于大家平日只知赞美他的胡子，反而不提他在艺术上的造诣，为此他甚感不悦。有一次，一群慕名者又大加赞美他的胡子，他终于忍不住说了一个故事：

三国时期，孔明六出岐山，希望找一位主帅。张飞的儿子张苞与关公的儿子关兴争相为帅。孔明难以决定，便要他们二人各自称赞父亲的功劳，以为标准。张苞说："我父亲长坂坡大喝，能斥退曹操的兵将，能义释严颜；

在百万大军中取上将首级，更如探囊取物。”关兴因为口吃，一直想说其父关公的事迹，但又说不出来，只有结结巴巴地说：“我父亲的胡子很长。”这时关公在云端显灵，生气地大骂：“小子，你父亲过五关斩六将、诛文丑、斩颜良，一世的英名，你不知道赞美，只说胡子很长。”

那么，怎样才能有的放矢地去运用赞美的技巧呢？

下面有几点需要注意：

一、赞美要因人而异。

人的素质有高低之分，年龄有长幼之别。因人而异，突出个性，有特点的赞美比一般化的赞美能收到更好的效果。老年人总希望别人不忘记他“想当年”的业绩与雄风，同其交谈时，可多称赞他引为自豪的过去；对年轻人不妨语气稍为夸张地赞扬他的创造才能和开拓精神，并举出几点实例证明他的确能够前程似锦；对于经商的人，可称赞他头脑灵活、生财有道；对于有地位的干部，可称赞他为国为民、廉洁清正；对于知识分子，可称赞他知识渊博、宁静淡泊……当然这一切要依据事实，切不可虚夸。

二、赞美要情真意切。

虽然人都喜欢听赞美的话，但并非任何赞美都能使对方高兴。能引起对方好感的只能是那些基于事实、发自内心的赞美。相反，你若无根无据、虚情假意地赞美别人，他不仅会感到莫名其妙，更会觉得你油嘴滑舌、诡诈虚伪。例如，当你见到一位其貌不扬的小姐，却偏要对她说：“你真是美极了。”对方立刻就会认定你所说的是虚伪之至的违心之言。但如果你着眼于她的服饰、谈吐、举止，发现她这些方面的出众之处并真诚地赞美，她一定会高兴地接受。真诚的赞美不但会使被赞美者产生心理上的愉悦，还可以使你经常发现别人的优点，从而使自己对人生持有乐观、欣赏的态度。

三、赞美要详实具体。

在日常生活中，人们有非常显著成绩的时侯并不多见。因此，交往中应从具体的事件入手，善于发现别人哪怕是最微小的长处，并不失时机地予以赞美。赞美用语愈详实具体，说明你对对方愈了解，对他的长处和成绩愈看重。让对方感到你的真挚、亲切和可信，你们之间的人际距离就会越来越近。如果你只是含糊其辞地赞美对方，说一些“你工作得非常出色”或者“你是一位卓越的领导”等空泛飘浮的话语，不但能引起对方的猜度，甚至产生不必要的误解和信任危机。

四、赞美要合乎时宜。

赞美的效果在于相机行事、适可而止，真正做到“美酒饮到微醉后，好花看到半开时”。当别人计划做一件有意义的事时，开头的赞扬能激励他下决心做出成绩，中间的赞扬有益于对方再接再厉，结尾的赞扬则可以肯定成绩、指出进一步的努力方向，从而达到“赞扬一个，激励一批”的效果。

第二天

幽默：诙谐风趣让人心情欢畅

一个说话幽默的人，无论走到那里都会受到人们的欢迎。相反的，一个说话毫无情趣可言的人，只会惹人厌烦。幽默的力量，有时候会让你大吃一惊。当然，幽默风趣并不是油滑、浅薄的耍贫嘴，它应当是智慧的闪光，能传达丰富的信息。同时，幽默风趣也是一种应变技巧，它常常能帮助我们在瞬息之间摆脱窘境。

让你说话更幽默

一个说话幽默、风趣的人，常常受到人们的欢迎，这也是那些相声演员、喜剧明星为什么能够大红大紫的原因。

幽默是一种高级的智力活动，能够化解对方的怒火、减轻对方的怒气。所以，在语言使用过程中，善用幽默能够有助于达到自己的目的。

幽默的语言可以使我们内心的紧张和重压释放出来，化作轻松的一笑。在沟通中，幽默又如同润滑剂，可有效地降低人与人之间的“摩擦系数”，化解冲突和矛盾，并能使我们从容地摆脱沟通中可能遇到的困境。

有一次，一位女士怒气冲冲地走进食品商店，向营业员喝道：“我叫我儿子在你们这儿称的果酱，为什么缺斤少两？”

营业员先是一愣，随即很有礼貌地回答：“请你回去称称孩子，看他是否长重了。”

这位妈妈转念一想，立刻恍然大悟，脸上怒气全消，心平气和而又怪不好意思地对营业员说：“噢，对不起，误会了。”

这里，营业员小姐认准了自己不会称错，便剩下一种可能，即是小孩把果酱偷吃了。如果明说“我不会搞错的，肯定是你儿子偷吃了”，或者“你不找自己儿子的麻烦，倒问我称错没有，真是莫名其妙”，这就不但不能平息顾客的怒气，反而会引发一场更大的争论。

因此，营业员用幽默委婉的语气指出妇女所忽视了的问题，这样既维护了商店的信誉，又避免了一场争吵，赢得了顾客的好评。

幽默给人以从容不迫的气度，更是男子汉成熟、机智的象征。在这方面，美国总统里根就是一个杰出的榜样。

里根像绝大多数演员和政治家一样，老早就养成了一种博人喜爱的说话方式。他用精心安排的幽默语言点缀他的演讲，以赢得特定观众的尊重。

对正在访问的特定地区加以奉承是里根的一大特色。如总统的一位幽默顾问解释的那样："幽默的主要价值之一，是让听众明白你知道他们是谁，他们住在哪儿。"

里根在到达俄勒冈州演讲时说："我的几位辛勤工作的助手们劝我不要离开国会而风尘仆仆地到这里来。为了让他们高兴，我说：'好吧！让我们来掷硬币，决定是去访问你们美丽的俄勒冈州，还是留在华盛顿。'你们知道吗？我不得不连续掷14次才得到使我满意的结果。"

里根的幽默变化多端，富有吸引力。在向一群意大利血统的美国人讲话时，他说："每当我想到意大利人的家庭时，我总是想起温暖的厨房，以及更为温暖的爱。有这么一家人住在一套稍嫌狭小的公寓房间里，他们决定迁到乡下一座大房子里去。一位朋友问这家一个12岁的儿子托尼：'喜欢你的新居吗？'孩子回答说：'我们喜欢，我有了自己的房间，我的兄弟也有了他自己的房间，我的姐妹们都有了自己的房间。只是可怜的妈妈，她还是爸爸住一个房间。'"

还有一次，里根访问加拿大，在一座城市发表演说。在演说过程中，有一群举行反美示威的人不时打断他的演说，明显地显示出敌意。里根是作为客人到加拿大访问的，作为加拿大的总理，皮埃尔·特鲁多对这种无理的举动感到非常尴尬。面对这种困境，里根反而面带笑容地对他说："这种情况在美国是经常发生的。我想这些人一定是特意从美国来到贵国的，可能他们想使我有一种宾至如归的感觉。"

听到这话，尴尬的特鲁多禁不住笑了。

下面是另一个美国总统的故事：

1972年，时任美国总统的尼克松访问中国，在登长城时，因为腿疾。他只上了三步石级就站着不动了。

有记者问："总统先生，您不想登上最高峰？"

尼克松轻松地说："昨天我与毛泽东的会见，已经是最高峰了。"

尼克松善于逃脱，话锋一转，避开私事谈国务，虽然答非所问，可是妙趣横生，机智可佳。幽默的效果是公认的，所谓"余音绕梁，三日不绝"，常常是幽默所产生的最佳效果。

幽默使你的语言更有魅力

要说服别人，不一定非要板着脸说教，有时候采用幽默的方式更能深入人心。能把一本正经的道理说得妙趣横生，这本身就足以让人佩服。比如，在电视剧《贫嘴张大民》中，主人公张大民就非常善于利用幽默的话语来说服别人。他的话幽默机智、意味深长，在把观众逗得开怀大笑之余，也人让悟出不少做人的道理。

情真意切，劝"活"李云芳。

张大民这个人又矮又胖，邻家小妹李云芳却是个身材高挑的俊俏姑娘。张大民一直暗恋李云芳，但姑娘却钟情厂里的一个技术员。后来，那个技术员去了美国，竟然喜新厌旧，来信和李云芳吹了。李云芳受此打击，伤心至极，整日躺在床上，不吃不喝，谁劝也不听。最后，云芳家人把希望寄托在张大民那张嘴上。

张大民来到李云芳房里，对她说：

“你披着一块杭州出的缎子被面，你知道吗？它是你妈给你缝结婚的被子用的，你把它披在后背上了，你还给披反了。你现在的样子就像个变魔术的，不是台上的，是天黑了马路边那种。你觉得自己挺高级是不是？”

张大民这番话寓庄于谐，言外之意是，李云芳伤心的样子看起来像个变魔术的——一个街头耍把戏的还觉得自己挺深沉。他想用这些调侃、戏谑的语句来逗乐李云芳，只要她忍不住笑了，她的心情自然拨云见日。

然而，李云芳却一点反应都没有，张大民只好接着说下去：“你为什么不说话，江姐不说话是有原因的。你有什么革命秘密？你要是再不吃饭、再这么拖下去，你就是反革命了！人家董存瑞、黄继光都是为国捐躯，你呢？裹着被面咽下最后一口气，你以为他会给你评个烈士当当吗？这是不可能的，顶多从美国给你发来一份唁电就完事了。你还不明白吗？”

将李云芳与江姐等烈士相比较，意在提醒云芳，烈士们的死是死得其所，重于泰山；而她的死则死得窝囊，一钱不值。话有些夸张，但却说到点子上了，李云芳听了，眼珠儿一动，似有所悟。张大民赶紧趁热打铁，又补充了几句：“云芳，西院小山他奶奶都98岁了，你才23岁，再活75年才98岁，还有75年的大米饭等着你吃呢，现在就不吃了你不害臊吗？我都替你害臊！我要能替你吃饭我就吃了，可是我吃了有什么用？穿鞋下地，云芳，你吃饭吧。”

张大民提到了98岁的小山奶奶，其实是在暗示云芳：脚下的路还很长，这点挫折算得了什么？另外，张大民知道：遣将不如激将，便故意用“害臊”这个词“激”她—和男朋友吹了就寻死觅活，这样的人还有什么出息？最后那句话尤为感人，它道出了张大民对云芳的殷殷关切和一片真情，是劝慰，是恳求，也是命令。

张大民这番话既诙谐得让人发笑，又庄重得让人落泪，它不仅将执意寻死的李云芳说“活”了，也浇开了他和李云芳的爱情之花。

让对方说不出“不”。

张大民和李云芳要结婚了，但他却没有婚房。原来，张大民兄妹五个，再加一个上老娘，六口人共挤在两间房里。张大民和李云芳如果占一间房结婚，其余五口人就得挤在另一间房里。张大民整夜整夜睡不着觉，就是说不出让弟弟妹妹为他腾房的话，但为了结婚，他还是硬着头皮把自己的想法说了出来。

张大民说完，老四动了动嘴唇，刚想说话，张大民赶紧问她：“四民，你想说什么？你是不是反对我结婚？”四民到嘴的话又咽了回去。这时，老三欠了欠身子，刚要开口，张大民又问他：“三民，你也反对我结婚？”三民只好说：“我不反对，我凭什么反对呀？”

张大民一再问他们是不是反对自己结婚，其实是想堵住他们的嘴，让他们说不出反对的话来。因为，作为弟妹，他们对五个人挤一间房肯定有意见，但对大哥结婚却没办法有意见。当然，张大民这样说，也是暗示他们：你们不愿腾房间，不愿五个人挤一间房，其实就等于反对我结婚，二者根本上就是一回事。不过，可别把张大民看成一个自私的哥哥，他这样做，也是迫不得已，想结婚，又没房，他只好厚着脸皮求弟弟、妹妹了。

刚柔并济训导妹夫。

张大民的妹妹叫张大雨，后来嫁给一个山西农民李木勺。这个人脾气不好，动不动就把大雨打得鼻青脸肿。大民看不下去，一次，他对这位妹夫说：“往后别打老婆，手痒痒了给自己几个大嘴巴，舍不得打嘴巴就扇自己的屁股蛋子，解了自己的气，过了打人的瘾。也没什么后遗症，多好！实在憋不住，你拿脑袋撞电线杆子，你跳到水库里喝一肚子水，你哪怕拎根棍子跳到猪圈里揍老母猪一顿，把它揍残废了，你也别打老婆！”

谈话一开始，张大民便以一连串“硬”话从气势上镇住了对方，警告他没权利打老婆。同时，还半真半假地吓唬他，如果他动不动就打老婆，总有一天，也会有人将他痛打一顿。俗话说：打一巴掌再给一个甜枣儿。张大民先以“狠”话给李木匀一个下马威后，又换了一种口气，从情理上开导他：“老婆是谁呀？陪你干活儿，给你做饭，帮你出主意，甜的留给你吃，苦的留给自己吃。剩一口饭了也给你多半口，她吃小半口，老婆对你这么好，再打老婆你还是人吗？”

张大民先“硬”后“软”，刚柔并济的话说得李木匀心服口服、悔不当初。他在幡然醒悟之后对张大民赞不绝口：“你是个好嘴！道理明，道理通！”

谈笑自如，推销暖壶。

正当张大民的生活一天天好起来时，他们厂却濒临倒闭，他被通知下岗了。张大民因为能说会道，所以顺理成章又当上了一名推销员，专门推销暖壶。你听，他是这样向一位老太太推销暖壶的：“我们厂快倒闭了，积压了很多暖壶。您要，我给您便宜点儿，就算您发善心，就算您支援我了。我们厂开不出工资来，每人发了七百个暖壶，其他什么都不管了，您说孙子不孙子？一个暖壶还没卖呢，先得租厂子里的地儿搁它们，您说缺德不缺德？您看这暖壶多好，像胖娃不像？您还不抱一个回去，就算捡个半拉孙儿跟您就伴儿了。”

张大民的推销语可真是别具一格，先用谈笑的语调，三言两语就把自己拿不到工资还得花钱交租金的雪上加霜的处境表述得一清二楚，从而最大限度引发对方的同情心。最后那句玩笑话既逗乐了对方，又拉近了双方的距离。经他这么一说，老太太不买他的暖壶都感觉不好意思了。

幽默是捉摸不定的精灵

会说话的人都少不了这样一种既简单又困难的风度——幽默。任何一个成功运用语言达到与同事和解或回敬同事指责、批评的成功范例，或多或少都少不了幽默的功劳。

一位厂长在年初的职工代表大会上遭到了一位女工的不断质问，因为她认为自己在上年所报销的医药费实在太少。

她厉声问道："去年一年中，厂里在这方面到底为职工花了多少钱？"

这位厂长说出了一个几十万元的数字。

"我想我快要晕倒了。"女工说。

这位厂长面不改色心不跳地解下了自己的手表和领带，放在桌上说："在你晕倒之前，请接受这笔投资。"

于是在场的大多数职工都会心地笑起来。

这位厂长的幽默表达了一个重要信息，即企业很重视职工的需要，他本人也确实关心。如果有必要的话，他可以牺牲自己，但厂里资金有限是事实。

那位女工当然并不会晕倒，她只是做样子。厂长的这个小幽默不仅没有让她感到更加气愤和不平，相反倒使之顿然沉思，进而猛醒，把对厂里和领导的抱怨和不满都化作了理解和同情，后来成了厂里的骨干。

一句幽默的戏剧性语言和一个幽默的戏剧性行为，其效果远超过了一份长篇大论的反驳和纠正。幽默可以说是生活中最自然的品位，它不仅产生笑料，更是一种修养、一门知识、一门功力很深的素养。

难以想象一个不懂幽默的人会是一个会说话的人。幽默运用得好，可以使交谈平添许多风采。如果用不好，会使对方反感，造成交谈障碍。当然，幽默也要审时度势，相机而用，不宜到处乱用。比如，一些严肃会议、调查访问等，就不宜使用幽默。

制造幽默的绝招

幽默是可以制造出来了，就像一个精妙的产品，虽然不能批量生产，却可以进行精心设计，然后传播给无限多的人。制造幽默的方法有很多，下面列举一二：

一、产生对比效果。

鲁迅在上海中华艺术大学曾经发表演讲，快结束时，他是这样说的："以上是我近年来对于美术界观察所得几点意见。今天我带来一幅中国五千年文化的结晶，请大家欣赏欣赏。"

说着，他一手伸进长袍，把一卷纸慢慢从衣襟上方伸出，打开一看，原来是一幅病态丑陋的月份牌，全场顿时大笑。

他借助恰到好处的道具表演，与结束语形成鲜明的对比，极具幽默。不仅使演讲在欢快的气氛中结束，而且使听众在笑声中进一步品味他演讲的深意。

二、双关引出机智。

一位领导人经常发表演讲。一次，演讲快结束了，他掏出一盒香烟，用手指在里面慢慢地摸，可是摸了半天也没有掏出一支烟来，显然是抽光了。有关人员很着急，因为他烟瘾很大，于是有人立即动身去取烟。

他一边讲，一边继续摸着烟盒。好一会，他笑嘻嘻地掏出仅有的一支烟，夹在手指上举起来，对着大家说："最后一条！"

这个“最后一条”一语双关，他的话是最后一个问题，又是最后一支烟。妙趣横生，全场大笑，听众们的一点疲劳和倦意也在笑声中一扫而光了。

三、自我解嘲。

在交谈中，当对方把你置于尴尬境地时，借助自嘲可以摆脱窘境，这是一种恰当的选择。在一些场合，运用自嘲还可以增添情趣、融洽气氛。

在一次综艺晚会上，台湾省艺人凌峰登台献艺。凌峰说：“大家好！我叫凌峰，凌峰的凌，凌峰的峰。”众人大笑。他接着说：“各位听过凌峰唱的歌没有？”有的回答“听过”，有的回答“没有”。于是他说：“没有听过凌峰唱歌的朋友，终身遗憾；听了一次凌峰唱的歌，遗憾终身。”众人大笑。

自嘲往往具有奇妙的作用，它是机智应变语言的重要内容之一。自嘲就是自己开自己的玩笑。可是醉翁之意不在酒，表面上是嘲弄自己，而潜台词却另有韵味。因此，自嘲在交谈中具有特殊的表达功能和使用价值。

四、借题发挥。

有时候，你可能会遇到一些很窘迫的情况。这时，如果能借题发挥说一句俏皮话，往往能起到意想不到的效果。你不妨运用幽默的语言、滑稽的表情和笑料冲淡这尴尬的处境、活跃气氛。这也是语言机智应变的技巧之一。

在电视文艺节目“家庭演唱大奖赛”上，主持人叶惠贤和选手的对答很有意思。

叶惠贤：“今天又是一个新的组成形式，是老丈母娘带着好女婿出赛。阿姨，女婿待您怎么样？”

岳母：“当然好了。”

叶惠贤：“那就是平时所说那句话，‘丈母娘看女婿……’”

岳母：“越看越有趣。”

叶惠贤：“今天谁先唱？”

女婿：“我先唱。”

叶惠贤：“唱什么？”

女婿：“《再见吧，妈妈！》”

叶惠贤：“这你就不对了，有了丈母娘就“再见吧，妈妈”，这不大合适吧……”

女婿唱完《再见吧，妈妈！》

叶惠贤：“听得出来，你对妈妈也是很有感情的。”观众鼓掌。

在此例中，叶惠贤先强调今天是“老丈母娘带着好女婿出赛”，接着就抓住“丈母娘和女婿”这一话题进行调侃，制造出很强的幽默效果。由于调侃的内核是善意的，所以叶惠贤在最后说“听得出来，你对妈妈也是很有感情的”，就另有一番情趣了。

五、利用夸大其词的技巧。

一些夸张的说话方式，往往显得妙趣横生，别有一番味道。

20世纪50年代初，美国总统杜鲁门会见十分傲慢的麦克阿瑟将军。

会见中，麦克阿瑟拿出烟斗，装上烟丝，把烟斗叼在嘴里。然后取出火柴，准备划燃火柴。可是却停下来对杜鲁门说：“我抽烟，你不会介意吧？”

显然，这不是真心征求意见，因为他已经做好抽烟准备了。在这种情况下，如果杜鲁门说“我介意”当然不太合适，所以对方这种傲慢言行使他有些难堪。

然而，杜鲁门看了麦克阿瑟一眼，笑道：“抽吧，将军，别人喷到我脸上的烟雾，要比喷在任何一个美国人脸上的烟雾都多。”

这种夸大其词的说法，表面上是在开玩笑，实际上委婉地表达了自己的不满和无可奈何。同时，又体现出说话者的大度胸怀。

谈笑风生，巧用幽默来解围

据说在美国，一个男人宁愿少一条腿，或者变成瞎子，也不愿意承认自己没有幽默感。这种说法虽然很无厘头，却也充分说明了幽默的重要性。一个没有幽默感的人，与一尊雕像没什么区别，没有幽默感的家庭只不过是一间旅店。相声大师侯宝林则说：“没有笑声的生活是一种酷刑，没有笑声的生活不成其为生活。”

当然，幽默风趣并不是油滑、浅薄的耍贫嘴，它应当是智慧的闪光，传达丰富的信息。同时，幽默风趣也是一种应变技巧，它常常能帮助我们在瞬息之间摆脱窘境。

有个诗人，姓莫名非，应邀到北京某大学中文系作家班举办学术讲座。在谈到自己的诗作时，准备朗诵一段，可是诗稿放在一个学员的课桌上，诗人便走下讲台去拿。教室是阶梯式的，诗人上台阶时，一不留神一个趔趄倒在第二级台阶上，不少学员哄堂大笑。

诗人稳住身子，转向学员，指着台阶说：“你们看，上一个台阶多么不易，生活是这样，作诗亦如此。”诗人的话语顿时赢得了热烈的掌声。

诗人笑了笑，接着说：“一次不成功不要紧，再努力！”说着，装着用力的样子走上讲台，继续他的讲座。

生活中，利用幽默来解围的例子有很多。

原中央电视台节目主持人崔永元去广州参加第十届全国书市开幕式，他在购书中心门口与读者见面，遇到了观众的提问：

小伙子：“崔哥，你们《实话实说》怎么没过去好看了？”

崔永元愣了一下说：“不错，我也觉得没过去好看了，我们有责任。不过，主要的责任在你。”大家很诧异。

崔永元笑问：“小伙子，你结婚了没有？”

小伙子：“没有。”

崔永元：“我告诉你，结婚的感觉和恋爱的感觉是不一样的。”读者哄笑并鼓掌。

女青年：“崔老师，学校要开辩论会，您教我几招儿吧！”

崔永元：“你们辩什么题目？”

女青年：“IQ和EQ哪个更重要？”

崔永元：“你说哪个更重要？”

女青年：“我也不知道，问你呀！”

崔永元：“好吧，我给你出一条妙计：讲IQ和EQ的书，书市上都在卖，你进去问问营业员，哪个卖得快，卖得快的就重要。有了这个秘密武器，包你旗开得胜。”

大家又一阵哄笑，鼓掌。

大学生问：“都说你崔永元语言了得，会说方言吗？我会多种方言，你敢同我比试比试吗？”

这个大学生当场说了几句广州话、客家话和潮汕语，问崔他说的是什么。崔说一点也听不懂，大学生十分得意。于是，崔永元便“谦虚”地请问他叫什么名字、哪个学校的、学校在什么地方、哪个班级、住哪个宿舍等，大学生都一一回答。

大学生突然警觉地问：“你问这么详细干什么？”

崔永元坏笑："啊，没什么，我回北京以后，是想抽个时间向国家语委报告，在广州的某一个学校，有一个不提倡讲普通话的角落，方言很盛行，请他们来查一查……"

大家大笑并鼓掌。

崔永元面对有点儿恶作剧式的提问，坚持用轻松的玩笑方式说话，体现了一种平民化的语言风格。他谐趣轻快的妙接妙对，既逗乐了听众，又给自己解了围，可谓是皆大欢喜。幽默是一种奇妙的语言，它能够激起普遍的欢乐和快感，把大家带进愉悦的氛围。那么，当我们遭遇窘境时，该如何利用幽默为自己解围呢？不妨从以下两点入手：

一、采用"趣味思维方式"。

"趣味思维"是一种反常的"错位思维"，就是不按常规的思路走，而是"岔"到有趣的方面去，进而捕捉到生活中的喜剧因素。

比如国外有个演说家叫罗伯特，是个光头，有人揶揄他出门老忘了戴上帽子，他说："你们不知道光头的好处，我可是天下第一个知道下雨的人。"

在这里，罗伯特并不避讳自己是"秃顶"，反而赞美光头，于是便从自己身上找到了"喜剧因素"。他的思维"错位"使他想的同别人就是不一样，于是便产生了幽默。

二、在瞬息构思上下功夫。

用幽默解围是一种"快语艺术"，它需要的是灵光一闪的智慧。你必须想得快、说得快，触景即发、涉事成趣，既出人意料之外，又在情理之中。

比如，有位将军问一位战士："马克思是哪国人？"

战士说：“是英国人吧？”

将军煞有介事地说：“哦，马克思有时也会搬家的。”

战士对这样常识性问题都答不出，可能令将军不快，但他幽默的语言脱口而出，包含了对战士善意的批评，又给对方解了围。

诙谐风趣，俏皮话随手拈来

说话风趣，最常见的是选词择语很俏皮，他们常常是不用陈词套话说话，而要绕个弯子换个说法，用俗语、谚语、外来语或用比喻、比拟、反语、双关、移用等来把话说的俏皮一些。

下面是《实话实说》节目中的几段对话的剪辑：

崔永元：“那么，陈老先生，您抽烟不抽烟？”

陈汉元：“我18岁就开始抽烟了。”

崔永元：“18岁开始抽烟，当时为什么抽烟呢？”

陈汉元：“冲厕所啊。”众笑。

崔永元：“真是百花齐放。”众大笑，鼓掌。

崔永元：“这位朋友，你说说，喝酒有什么好处？”

男士一：“以酒会友嘛。几个人原来不认识，到一块喝了酒以后，就能交朋友。以后还可能继续在一块儿喝酒。”

崔永元：“啊，你有许多喝酒吃肉交上的朋友吗？”一阵笑声。

男士一：“有，不，不是很多。”众大笑。

崔永元：“那您说说，养鸟有什么乐趣？”

皮来顺：“作为老人来说，养鸟可以锻炼身体，鸟儿还催人早起，天明则叫……”

崔永元："您说的情况，我听着像养鸡。"众笑。

但凡不善说俏皮话的人，都是用顺手拈来的常用语汇说话，听来就寡淡无味。节目主持人崔永元的特点是话到嘴边总要绕个弯儿，快速地用借代、反语、夸张、移用等修辞手段加以趣味化的改造，然后"轻描淡写"地说出来，就很俏皮。

上例中对"厕所抽烟"，崔永元本来可能是要说"臭上加臭"，但他偏要反过来说，并加以极度的夸张"真是百花齐放"；他可能要说喝酒交友是在交"酒肉朋友"，但崔永元不这么说，他故意地半遮半掩说成"喝酒吃肉交上的朋友"，而且是用探询的方式说，趣味就出来了。听到养鸟能"催人早起"，崔永元一句"我听着像养鸡"脱口而出，显出一种大智若愚的直率和质朴，也让人们感受到蕴含的智趣。契诃夫说得好："不懂得开玩笑的人是没有希望的。这种人即使额高七寸，聪明绝顶，也算不上真有智慧。"

谐趣轻松的妙接妙对，闪烁着智慧的光彩，是调节人际关系的"润滑剂"，也折射出一个人美好的品格。一个富于口才的人经常会有充满谐趣的妙接妙对。李瑞环同志当天津市市长时，国家甲级队在该市比赛，李瑞环冒雨赶去给天津队"打气"，丢下了几句话："现在下雨了，你们要混水摸球，快传多射，千万不要拖泥带水！"几句即景的谐趣快语，说得球员们劲头倍增。

说话时故意节外生枝，"误"入题外，看似走题，但由庄而谐，这就使语言在突转中有了趣味。

在电视文艺节目"家庭演唱大奖赛"上。

叶惠贤："您是邵华山，妻子名叫王……"

邵华山："王漓江。"

叶惠贤："好啊，华山、漓江，大好河山都上你们家里去了，你们打电话一定很有意思吧：‘华山，华山，我是漓江！’‘漓江，漓江，我是华山！’跟《渡江侦察记》差不多了。”

众笑。

叶惠贤：“在初赛时，你爱人唱得好，你是吹得好。”

邵华山：“当时我吹的是小号。”

叶惠贤：“是的，你很会吹，吹得确实是有水平，而且很有吹功。你好像在上海灯厂工作吧？”

众笑，鼓掌。

惠贤先是“借名岔题”，从“华山、漓江”一下就“岔”到打电话、又“岔”到《渡江侦察记》，并模拟演示了起来；然后他从赞华山的“(小号)吹得好”，突然煞有介事地“岔”到他“好像”在“上海灯泡厂工作”的戏问。叶惠贤这些节外生枝、“误”入题外的话，由庄而谐，使言语在反转突变之中出现喜剧的效果。而这位主持人“岔说”分寸把握得恰到好处，没有让人家难堪尴尬，也是可取的。

第三天

应变：机巧灵敏的语言利器

对于演讲和谈判来说，机巧的语言应变能力具有非常重要的作用。在技巧表达或者演讲、演说方面，除了具备完善的口齿表达能力，更需要灵活应变的机巧。相同的语言在不同的环境由不同的人说出来，或许有不同的潜在内容，这时候往往就需要根据具体情况随机应变。

培养迅捷的应变口才

有时候，比如参加辩论、接受采访时，你可能会遇到很多问题，并且必须立刻做出回答。面对对方咄咄逼人的问题，你只要稍一迟疑，就会落在下风。

要应付这种情况，你必须培养迅捷的应变口才。所谓的应变口才，就是要在动态语境中做出合理回答，其特点是：语境催迫下表现出的敏锐与快捷。

俄国诗人普希金参加一位爵士的家庭舞会，他走上前邀请一位傲慢的漂亮小姐同他跳舞，小姐不屑一顾：“我不能同小孩子跳舞！”

普希金微微一笑：“对不起，小姐，我不知道您正在怀孕。”

普希金的反应很快，他的回答，就是一种应变口才。既避免了被对方羞辱的尴尬，又对对方的无礼进行了嘲讽。

从某种意义上说，应变口才是一种“捷才”，需要的就是机巧和灵敏！在实际应用中，不管遇到什么变化，都能相时而动、出口成篇、出口成趣，如果再能做到巧语解困、妙语服人，那就是高级的应变性口才了。

日本前总理大臣吉田茂口才了得，有一段时间却被绯闻缠身。有一次，一名女记者针对这件事对他纠缠不休，总理大臣无可奈何地回答了她一连串的提问。最后，女记者问：“我还想提个问题，阁下对女人有什么想法？”

吉田茂："啊，过去想法很多。不过，自从这回看到您以后，就没有什么想法了……"

吉田茂这种意在言外的回答，通过辛辣的幽默，让不怀好意的女记者碰了一鼻子灰。

一、形成应变口才的前提条件。

应变口才并非与生俱来之才，它需要积累、需要训练。而形成这种口才的前提条件，是要具备良好的心理素质和思维素质。具体地说：

1. 要有自信心。

没有自信的人，面对很多问题都不敢回答，总要斟酌半天，结果常常处于"被动挨打"的境地。究其原因，很大程度可能是我们长期地过分宣扬所谓"谦虚谨慎"，客观上可能鼓励了平庸。当处于困窘之时，如果敢于对自己说"我能行"，你会惊讶于你蕴藏的能量。

历史上有许多"天才""奇才"是不大"谦虚"的：

袁虎凭借学养和自信，有"倚马千言"之才。诗人李白很不"谦虚"，他口出狂言："日试万言，倚马可待。"

曹植"七步成诗"，传为美谈。史青听了，笑曰："曹植七步成诗，尚为迟涩，请五步成之。"后来果然五步成诗一首。这事被柳公权知道了，他对曹植"七步成诗"不屑一顾，立即让别人出题，创造了"三步成诗"的"新纪录"。

有了自信，就可能会在应变性表达中处于主动地位。

2. 要有意志力。

所谓的意志力，就是要善于控制自己的情绪。在应变性表达中，意志力可以使你以积极主动的态势、以昂扬顽强的情绪驱动自己，对表达做恰当的适应性调控。如果缺乏意志力、情绪消极懈怠、态度犹豫不决、性格畏缩胆怯，就会始终处于被动、压抑的状态，这样就根本谈不上表达中的随机应变了。

威尔逊任美国新泽西州州长时，一位议员突然去世了。威尔逊很哀伤，取消了一切的约会，一个人待在家里。这时电话铃响了，里面传来一个人吞吞吐吐的声音："州长，我……我想代替那位议员的位置。"

威尔逊平静地答道："我想，如果那家殡仪馆同意的话，我本人是完全同意的。"

这冷幽默式的妙对，是对那人卑鄙心态的有力回敬。

3. 要有创造性。

应变口才是一种创造性的语言活动。既然要"应变"，思维就必须处于高速运动状态，使各种思维活动和谐配合，让记忆仓库里的材料骤然涌出，然后通过分析、综合、联想、推测，产生新的思维成果，这时才有审时度势的精言妙语。

1979 年中美建交，邓小平同志访问美国，接受记者采访：

记者问："当美中双方决定实现关系正常化的时候，你在国内遇到政治上的反对派了吗？"

邓小平回答："有反对派呀！我在中国的一个省遇到了很严重的反对，那就是台湾省。"

邓小平同志很平静地对待不怀好意的诘问，他运用别解岔答的应对技巧让对方扑了个空，机敏地维护了国家的尊严。

二、培养应变口才的具体办法。

正像其他技能的训练一样，应变口才的训练也应该是一种由易到难、逐步深化的过程，你还可以采用以下办法进行培养：

1. 训练快速对答的能力。

应变性口才必须突出一个“快”字，否则就失去了其存在的价值。“快”是一种催迫、一种压力，对提高应对能力有好处。善于应答的人必然是快人快语、反应迅捷。

刘吉被誉为“青年教育艺术家”，他在《对话艺术》中说：“思辨的时代正呼唤着对答如流的人才……精彩的对话应该具备‘短平快’的特色。”事实上，刘吉本人就是一个快速应答的高手，他曾对一批大、中学生的提问做快语应对，下面是其中的一个片断：

问：“你干工作的动力是什么？”

答：“信念和抱负。”

问：“你经常想的是什么？”

答：“位卑未敢忘忧国。”

问：“你主要的缺点是什么？”

答：“不自量力。”

问：“你主要的优点是什么？”

答：“自信。”

问：“自信为什么是优点？”

答：“自信给人勇气和力量。”

问：“你叹息过吗？”

答：“叹息是弱者的习气，行动是强者的性格。”鼓掌。

问：“你喜欢什么样的领导？”

答：“一身正气。”

问：“不喜欢什么样的领导？”

答：“官僚主义。”

问：“你怎么对待这样的领导？”

答：“感情上疏远，组织上服从。”鼓掌。

问：“你喜欢整人吗？”

答：“没有真理的人才去整人。”鼓掌。

问：“你对往死里整你的人抱什么态度？”

答：“本人没被人往死里整过，所以无可奉告。”

问：“考考考老师的法宝，分分分学生的命根。你怎么看？”

答：“我认为应该改为‘考考考，老师作参考；分分分，学生作汇报’。”鼓掌。

问：“高考落榜了怎么办？”

答：“榜上无名，脚下有路；落榜不落魄，失败不失志。做个有志者，自有成才路。”热烈鼓掌。

如今，快节奏的应对正在成为一种富有时代色彩的言语风格，人们甚至把快速应对看作是健康、机敏、干练的标志。

2. 自问自答，或者相互提问作答。

自己的语言会使自己的思维立即活跃起来，而且会不由自主地调整思路、字斟句酌，甚至会“跳”出几句妙语精言，触发灵感的火花。据说大科学家爱因斯坦曾看见一个人从楼上笔直地掉下来，他就自言自语地琢磨起来，最后他对自己说道：“对了，物体总是沿着阻力最小的路径运动的。”而他的这段著名的“自问自答”与“广义相对论”的发现很有关系。所以“自问自答”不仅可以练口语表达，还可以练思维。

3. 自己考自己。

围绕一个中心话题，拟出一套难易适中、由浅入深的问答题。先将问句逐一录音，然后面对录音机的连续提问，快速作答问练习。如有条件的话，可以用两台录音机进行训练：一台先提问句，然后边放提问录音、边用另一台录音机录下自己的提问，最后再将提问与回答合成于一盘录音磁带上。

培养自己的语言风格

这是一个崇尚个性的年代，你的说话风格也应该与众不同。如果每个人的风格都一样，这个世界就未免太乏味了。然而，生活中常有这样的人，他们是真正的“人云亦云”，看到别人怎么说话他就怎么说话。别人慷慨激昂，他也跟着粗声大气；别人说话抑扬顿挫，他也跟着拿腔拿调，全然不顾自身的条件。

这样做的结果是——画虎不成反类犬，东施效颦反而惹来笑声一片。鹦鹉学舌是因为它们不会说人话，可你明明是个人，为什么偏要当鹦鹉呢？从现在开始，学习说自己的话吧，培养你自己的说话风格。只有这样，你才能被别人记住、并且认可。

在美国的依阿华州，该州锡格尼市的凯欧库克旅馆是方圆几十里的流动推销员最爱去的地方，他们不管远近都想到那里去投宿。为什么呢？因为那里的店老板，人称“快乐的韦勒”是一位笑口常开的人。他对谁都能说上几句好听的话，人们认识他这么多年以来，从来没有听到他对谁说过一句不顺耳的话。韦勒有他与众不同的地方，说话有他自己独特的风格。后来他成功了，成为当地有名的富翁。

记住：你谈话的风格、你与别人交谈的方式，都能为你的名声和你的成功做出重大的贡献。如果你对下级讲话趾高气扬，甚至有鄙视的口吻，那下级就会怨恨你。如果你对上级讲话过于谦恭，他们就可能认为你缺乏能力或者没有骨气，不敢委你以重任。你讲话的风格，不仅仅是你使用词汇的问题，还是你使用词汇的方式方法的问题，从中也能反映出你的态度和修养。但欲达到这一点，你不要试图去模仿别人，也不要试图去表现不属于你的风格的东西。常常有人想模仿别人，尤其是想模仿那些所谓的成功者或知名人士的举止行为，那就是为什么生搬硬套者失败的原因。

学习别人是件好事，但不能去模仿别人的风格或说话的口吻。这种道理是很简单的，不用多解释谁都会明白。就像那种喝了大量酒的人，他隐瞒不了自己喝了酒的事实，因为人们一闻就明白了。你在谈话的时候，表现出自己自然的风格是上策，要努力发展你自己的独特风格，而不是去发展别人的独特风格。有些人，当他们与别人谈话时，认为自己有必要装腔作势，或者戴上一副假面具；有些人试图表现得过于友善，有的时候甚至表现出媚态；有些人急功近利，就像做电视商业广告一样……这些人的失误在于他们表现的都不是他们自己的本色，这样，别人自然不会买他们的账。

你要记住：我就是我，看到的我是什么样我就是什么样，不管你喜欢不喜欢。但你总会相信同你谈话的那个人是真实的，不是假冒的。无论对也好，错也好，你总会真诚地对待每一个人。

到什么山上唱什么歌

中国有句谚语说："到什么山唱什么歌，见什么人说什么话。"大多数政客都深谙此道。所以在政坛才能够左右逢源，大出风头。我们虽然不一定需要那么高的讲话技巧，但是，在适当的场合、对适当的人说适当的话的技巧还是非常有用的。

一、因人而异的说话技巧。

与人说话，一定要看清对象，因人而异。如年龄、身份、地位、文化修养、性格、彼此间的关系……根据对象的实际情况不同，说话的方式也大不同。"见什么人说什么话，因人而异"是非常必要的，否则就会犯"对牛弹琴"的错误。

一般情况下，运用“因人而异”要考虑以下几个方面：

1. 性别。对男性，需要干脆有力的语言，不能婆婆妈妈；对女性，则必须温和一些。

2. 年龄。对年轻人，应采用煽动性语言；对中年人，应讲明利害，供他们斟酌；对老年人，应以商量的口吻，尽量表示尊重的态度。

3. 地域。对于我国北方人，可采用粗犷的态度；对于南方人，则应细腻一些。

4. 职业。不论遇到从事何种职业的人，都要运用与对方所掌握的专业知识关联较紧的语言与之交谈，对方对你的信任感就会大大增强。

5. 性格。若对方性格直爽，便可以单刀直入；若对方性格迟缓，则要“慢工出细活”；若对方生性多疑，切忌处处表白，应该不动声色，使其疑惑自消。

6. 文化程度。一般来说，对文化程度低的人所采用的方法应简单明确，多使用一些具体的数字和例子；对于文化程度高的人，则可以采取抽象的说理方法。

7. 兴趣爱好。每个人的兴趣爱好都不相同，当你谈起有关他的爱好这方面的事情时，对方都会兴致盎然，同时，对你无形中也会产生好感。

二、怎样和不同性格的人说话。

一个人一个性格，一个人一个脾气。和不同的人打交道时，如果忽略了这一点，往往会遭遇“不对脾气”，甚至“话不投机半句多”的尴尬。

对一个做事雷厉风行、说一不二的人，你却慢条斯理、沿着羊肠小道跟他“绕圈”，只会让他不耐烦甚至躁动发火；对一些优柔寡断的人，你也采用优柔寡断的态度与他交涉，常常会因为表达含糊、词义暧昧而沟通失败；对一些爱露锋芒的人，你如果处处抢他的风头，必然引起他的敌意和嫉妒；对一些“假正经”，你若真跟他“正经”起来，反而会遭到他的白眼。如果你的领导是个呆板而不懂幽默的人，你最好不要对他开玩笑。假如你偏用幽默的言语跟他讲话，他可能会骂道：“这个家伙，尽跟我说些无聊的话！”

对不同性格的人，有不同的说话方式。有一个基本原则就是：采取与对方性格特征相反的态度。不过，这也只是个基本点，要参考着用。如果对一个生性懦弱的人采取强硬的态度，当然会遭到对方的反感。许多事例告诉我们：如果你没把握住对方的性格，必将陷入难以自拔的困境，所以你务必要留意。

三、注意说话的场合。

说话还要注意场合，在不同的场合说不同的话。有些话只能在某些特定的场合说，换一个地方就不行。否则，就像葬礼上的音乐，如果放到婚礼上去放，一定会惹人讨厌的。因此，在人际交往中，说什么、怎么说，一定要顾及场合、环境，才有利于沟通。不顾及场合的心直口快，往往会冒犯别人。

老王和老张平时爱逗闷子，几天没有见，一见面一个就说：“你还没有‘死’呀？”对方也不计较，回一句：“我等着给你送花圈呢！”两个人哈哈一笑了事。

后来老王因病住进了医院，老张去医院看望，一见面想逗逗他，又说：“你还没有死呀？”这一次，老王变了脸，生气地说：“滚，你滚！”把他赶了出去。

这老张也真是，人家正在病中，心理压力很大。你在病房里对着忧心忡忡的病人说“死”，显然是没考虑场合，人家怎能不反感、恼火？其实，老张本来也是好意，想给对方开开心，只可惜他缺乏场合意识，不该在这种场合开玩笑，才闹出了不愉快。

四、一定要谨言慎行。

针对不同的对象，语言的使用要很有分寸，要运用得贴切，恰到好处。对自己的言谈举止，也一定要小心谨慎，特别是不要触动对方可能禁忌的话题。至少应注意以下几点：

1. 不要说大话，过于卖弄自己。

夸口、说大话、“吹牛皮”者，常常是外强中干，其目的只不过是为了引起大家对他的关注，以满足自己的虚荣心。朋友、同事相处，贵在讲信用。不能办到的事，胡乱吹嘘会给人以巧言令色、华而不实之感。过于卖弄自己，显示自己多么有才华、知识多么渊博，对方会觉得相形见绌、感到难堪，这也不利于双方的交往。

2. 不要喋喋不休地诉苦，发牢骚。

内心有痛苦、积怨、烦恼、委屈，虽需要找人诉说，但不能随便地在不太熟悉的、不太亲密的人面前倾诉。一是对方可能没有多大兴趣；二是不了解你的实际情况，很难产生同情心；三是可能误解你本身有毛病、有缺点，所以才有这么多的麻烦。你的发泄若招致对方的厌倦，就极为不妙了。所以，要保持心理上的镇定，控制自己，力争同任何人的谈话都有实际意义。

3. 在朋友失意时，不要谈自己的得意事。

处在得意日，莫忘失意时。朋友向你表露失落感、倾吐心腹事，本意是想得到同情和安慰。你若无意中把自己的自满自得同朋友的倒霉、失意相对比，无形中会刺激对方的自尊，他也许会认为你是在嘲笑他的无能，这样的误会很难消除，所以讲话千万要慎重。

4. 不要用训斥的口吻。

朋友、同事间的关系是平等的，不能自以为是、居高临下、唯我独尊。盛气凌人的训斥会刺伤对方的自尊心，这种习性将使你成为孤家寡人。人类有一种共同的个性，没有谁喜欢接受别人的命令和训斥。不要自以为是，要为别人保住面子。

5. 不要扬人隐私。

任何人都有隐私，在心灵深处，都有一块不希望被人侵犯的领地，现代人极为强调隐私权。朋友出于信任，把内心的秘密告诉你，这是你的荣幸。

但是你若不能保守秘密，则会使朋友伤心、同事怨恨。隐私是人的心灵深处最敏感、最易激怒、最易刺痛的角落，当面或背后都应回避这类话题。

6. 交谈时，不要伴随一些不礼貌的动作。

为尊重对方，必须保持端庄的谈话姿态。抖腿、挖鼻孔、哈欠连天等都是不礼貌的，尤其不要一直牢牢地盯住别人的眼睛，这会使对方觉得窘迫不安；也不要居高俯视，这会给人以高高在上的感觉；不要目光乱扫，东张西望，这会使对方觉得你漫不经心或另有他图。

7. 不要只关注一个人。

在和三人以上的多人交谈时，不能只关注一个人而冷落旁人。最好是一个话题唤起大家的兴趣，令众人都发表见解。

8. 不要中间把话题岔开或转开。

话题被打断，会让对方产生不满或怀疑的心理，或者认为你不识时务、水平低、见识浅；或者认为你讨厌、反感这类话题；或者认为你不尊重人，没有修养。如此，双方便无法建立起亲密的关系。

9. 不要滔滔不绝地谈对方生疏的、不懂的话题。

你所熟悉的专门的学问，对方不懂、也没有兴趣，就请免开尊口。滔滔不绝地介绍这方面的内容，对方会产生错觉，或认为你很迂腐，或认为你在卖弄，或觉得你是在有意使他难堪。

10. 出现争辩时，不要把人家逼到山穷水尽的地步。

当将要陷入顶撞式的辩论漩涡之中的时候，最好的办法是绕开它。针锋相对、咄咄逼人的争辩只能屈人口，不能服人心。被你的雄辩逼迫得无话可说的人，肚子里常会生出满腹牢骚、一腔怨言。不要指望仅仅以摇唇鼓舌的口头之争，便可改变对方已有的思想和成见。你争胜好斗，坚持争论到最后一句话，虽可获得表演胜利的自我满足感，但并不可能令对立方产生好感，所以在交谈中，必须坚持“求同存异”的原则，不必把自己的观点强加于人。

应变口才可以救命

应变口才是一支利箭，运用得好，可以为你逢山开路、遇水搭桥。但很多人却并不懂得利用它，他们一张口，总是在喋喋不休地述说着对别人的怨言、不满。于是，赞美和怨言，就成了两个鲜明的对比。自然，他们的际遇会有天壤之别。

首先，让我们看看，那些嘴里充满了怨言的人，会遭遇到什么吧。

南北朝时有个贺若敦，是东晋的大将。他作战勇猛，很有才干，可有一样，就是嘴太臭，而且嫉妒心极强。因为这个毛病，他得不到晋公宇文护的欢心。

后来，贺若敦看到别人都做了大将军，唯独自己没有被晋升，心中很不服气。他自以为功高才大，不甘心居于同僚之下。于是就天天抱怨，甚至扬言要与别人争个雌雄。

不久，他奉命出征，打了个大胜仗，率军凯旋。他自以为这次立了大功，必然要受到封赏，不料由于种种原因，反而被撤掉了原来的职务。这下他更恼怒了，怨言也更多，甚至连皇帝也捎带埋怨上了。

宇文护听了以后，十分恼怒，便把他从中州刺史任上调了回来，迫他自杀。

临死之前，贺若敦对儿子说："我有志平定江南，为国效力，而今未能实现，你一定要继承我的遗志。我为了这条舌头把命都丢了，这个教训你不能不记住啊！"说完便拿起锥子，狠狠地刺破了儿子的舌头，想让他记住这血的教训。

贺若敦作为一名英勇善战的大将，没能战死沙场，却死在了自己的一张嘴上，实在值得人们深思。所谓"祸从口出"就是指这类人而言的。一个人，如果只长一张嘴而不长脑子，口才再好又有何用?

相反，有的人却可以凭着自己一张巧嘴，在危险中救得自己的性命。

唐朝“安史之乱”，安禄山攻陷京城长年，在皇宫中捉到了一名乐工，正准备推出午门问斩之时，那乐工大叫道：“你不能杀我啊!”

安禄山坐在唐明皇的龙椅上，双手摸着肥厚的肚子笑道：“我为何不能杀你?”

“我有一技之长，你杀了我会后悔的。”

安禄山大笑：“你不就是会吹吹打打吗?杀了你何悔之有?”

“我还会占梦啊!”乐工忙道。

“你会占梦?那好，我问你，昨晚我做了一个梦，你若能解，我就不杀你。否则……”

“将军请说，我一定能解!”

“我梦见自己的衣袖筒很长，手臂无论如何也伸不出来。你说说这个梦是什么意思?”

乐工听后，沉思片刻，便拱手相答：“这是大吉之梦：衣袖不能出手，意味着将军可垂衣而治天下啊!”

安禄山听得心中乐滋滋的，便放了乐工。

几年后，“安史之乱”被平定，皇帝听说乐工的这一“劣迹”，便逮来要杀他的头。

乐工又连呼冤枉：“我过去为叛贼解梦，并非真心为他办事，而是要麻痹他的斗志。梦的本意是袖子很长，手取不出来，正应验了‘出手不得’的成语啊！皇上要杀我，岂不冤枉了我一片苦心?”

皇帝觉得乐工所言有理，于是赦免了他，并给予一定的奖赏。

由此可见，口才既能招祸，也能救命，就看你会不会运用。用得不好，在不合适的场合说出不合适话，就是“祸从口出”；用得好，即便是在凶险万分的情况下，一句妙语，往往也能化险为夷。

和老板沟通的技巧

在工作中，你必须与老板做好沟通。因为老板花钱雇佣你，他迫切想了解你每天的工作情况，以确定自己的工资是否白发。如果沟通不好，老板甚至不知道你每天在干什么，他就很有理由认为你在偷懒。

此外，与老板交流，还有两个重要的目的：一是要提供你所掌握的信息；二是寻求老板的反馈。所以，首先你一定要了解老板对哪些信息感兴趣：

一般来说，老板往往留意与自身利益密切相关的信息；老板对与自己的角色、志趣、经验相关的信息特别关注；老板容易接受具有权威性的信息；老板总是喜欢选取以肯定形式出现的信息；老板希望获得新奇的信息，而不爱听老生常谈；老板对某些特殊的消息特别感兴趣；老板对越是为社会和他人所禁锢、保密的信息越是想知道。

如果你具有以上的信息，那么恭喜你，你和老板沟通往往会很成功。反之，则最好不要轻易去打扰老板。除此之外，在与老板沟通的方式上也要注意：

首先要注意语气适当，措辞委婉。因为说得过火或过于渲染，涉及领导的尊严与权威。尺度掌握不准，搞不好就会有嘲讽、犯上之嫌，被领导误以为心怀不满，另有所指。所以下属一定要注意使自己的口气比较和缓，显示自己的诚恳和尊敬之情。特别是要使领导明确地认识到，你的所作所为都是出于做好工作的动机，是为领导设身处地的着想，而不是针对领导者本人有何不恭的看法。

其次尽量言词简短。俗话说："言多必失。"因此下属在劝谏时，只要指明大意就已足矣，其中的推理不妨由领导自己来做。越是语言简短，越是语意含蓄，就越能引起领导的深思，又不至随时随地抓紧机会，表示自己对他忠心耿耿、永远站在上司这一边。

以你的态度说明一个事实：我是你的好朋友，我会尽己所能讨好你。不要以为上司很愚笨，如果你真的努力这样做，他看在眼里，一定会很明白你的意思，对你日渐产生好感。弄清了领导误解的原因后，你可以耐心向他做解释，证明你并不是有意的。只要你是坦诚的，领导不会不接受你的解释。

最后经常加强感情交流。误解消除后，并不是就万事大吉了。如果刚消除掉领导的误解，你对领导的态度就变得不冷不热，会使领导认为你仍是在欺骗他，反而更加深了他对你的误解。这时，你不能掉以轻心，而应趁热打铁，经常找理由与领导进行情感交流，培养你们之间的友谊。

和同事交谈的艺术

和同事交谈，虽然不像和上级交谈那样正规、严肃，但也不能太随便。

在办公室里与同事交往，需要一定的技巧。同事之间的关系很微妙，它不同于家人之间的亲密无间，也不同于朋友之间的"臭味相投"。同事就是同事，他（她）既是你的合作伙伴，又是你的竞争对手。此外，同事之间又往往存在着利益关系，因此，交谈、交往都要谨慎从事。那么，在办公室说话要注意哪些事项呢?

一、同事交往的禁区。

1. 对同事不要“厚此薄彼”。

许多人在一个单位上班，既有志同道合的同事，也难免有“不对脾气”的人。而在工作中，你必须和每个人都搞好协作、打好交道。同事交往必须公私分明，不能因为你对某个同事有意见，就故意疏远他，甚至在工作中和他对着干。

刘然在一家科研所上班，和他同一个办公室的有王浩和李川两个人。但刘然只与王浩脾气相投，每天见面都高兴地寒暄，中午约在一起吃午饭，彼此称兄道弟；相反，对土里土气又沉默寡言的李川就不大爱打招呼，甚至非常冷漠。

后来，王浩调走了，而李川则因为工作突出被升职，摇身一变成了刘然的顶头上司，刘然的尴尬处境可想而知。

2. 交谈时不要涉及他人隐私。

要想保持同事间的良好关系，就不要随便涉及他人的隐私。例如“得了多少奖金？”“是不是被恋人拒绝了？”说话时这类问题最好不要提，即便是单位里只有一人在场，也会让对方非常难堪。虽然，两个人谈一谈个人生活方面的心里话，会增加双方的亲密感。但是，有些隐私在公司里说出来，就很容易形成谣言。

3. 有话好好说，不要好辩逞强。

在办公室里与人相处要友善，说话态度要和气，即使是有了一定的级别，也不能用命令的口吻与别人说话。虽然有时候，大家的意见不能够统一，但是有意见可以保留，对于那些原则性并不很强的问题，没有必要争得你死我活。如果一味好辩逞强，会让同事们敬而远之。

4. 不要当众炫耀自己。

如果自己的专业技术很过硬，或老板非常赏识你，这些都不能够成为你炫耀的资本。再有能耐，在职场生涯中也应该小心谨慎，强中自有强中手，倘若哪天来了个更加能干的员工，那你一定马上成为别人的笑料。倘若哪天老板额外给了你一笔奖金，你就更不能在办公室里炫耀了。说不定别人在一边恭喜你的同时，一边也在嫉恨你呢！

5. 不要在办公室诉苦。

办公室是工作的地方，不是互诉心事的场所。我们身边总有这样一些人，他们喜欢向别人倾吐苦水。虽然这样的交谈能够很快拉近人与人之间的距离，使你们之间很快变得友善、亲切起来，但心理学家调查研究后发现，事实上只有1%的人能够严守秘密。

所以，当你的生活出现个人危机，如失恋、婚变之类，最好不要在办公室里随便找人倾诉；当你的工做出现危机，对老板、同事有意见有看法，你更不应该在办公室里向人袒露，任何一个成熟的白领都不会这样“直率”的。

二、怎样处好与同事的关系。

人际交往是一门艺术，并且它可能比其他有些技术还要复杂。它要求精心策划、具体实施及随时评价才会保持有效。最有效的交往是多维的，它们也有自己的生命，并在不知不觉之中对你的工作做出很大的贡献。像一个内在联系的网络一样，一个充满活力的互助网会在具有很大潜在数目的实体间建立一种有意或无意的联系，它不受地域、职业工程或企业所限。一个真正有效的互助网会不断发展，为它的发起者带来无尽的收益。

当你刚加入一个新的团体，或当你刚进入一家公司，无论这是你的第一份工作，或者是由别家公司跳槽而来的，初始你很可能是他人探索甚至怀疑的对象，甚至可能是原来觊觎此一职位的人憎恨的对象。但你要牢记，时间能够治疗与证明一切。在你进入一家公司之初，无论周遭的人有多冷漠，你都必须花时间慢慢小心地营造与他人之间的人际关系，切忌寻求速效。

事实上，不要把人际交往看得过于神秘。有效的交往模式简单易学，重要的是要找到哪种方式最适合于你。如果你下定决心去建立和维护有效的互助网，那么无论你个人的风格如何，你总能学会如何做好，诸如害羞、不安和笨手笨脚等妨碍你交际的问题都可以得到克服。

此外，说话要分场合、要有分寸，最关键的是要得体。不卑不亢的说话态度、优雅的肢体语言、活泼俏皮的幽默，这些都属于语言的艺术。当然，拥有一分自信更为重要，懂得语言的艺术，恰恰能够帮助你更加自信。娴熟地使用这些语言艺术，你的职场生涯会更成功！

第四天

沟通：心灵与心灵的碰撞

可以说，我们说话的主要目的就是沟通。从早上睁开眼睛开始，我们就在不停地与人沟通，与我们的家人沟通、与我们的老板、上司、同事、客户沟通……只要我们生存在这个社会上，就离不开与别人的沟通。

与人沟通的玄机

与人沟通不是那么简单的事情，并不是说你和对方说过几句话，就叫沟通了，那叫“交谈”或者“对话”，根本不是真正的沟通。就像有的夫妻每天也说话、也交谈，可就是没有沟通过，这就是常说的“没有共同语言”。

而真正的沟通，是一种心灵的交流，是心与心的对话。那么，怎样才能更好地与人沟通，而不只是浅层次的交谈呢？下面的方法对你一定很有帮助：

一、发现对方兴趣之所在。

就算一个沉默寡言的人，遇到自己感兴趣的话题，也会两眼放光、滔滔不绝地发表一通高见的。因此，与人交谈的时候，一定要注意寻找对方的兴趣之所在，这是做好沟通的基础，请看下面这个例子：

欧洲将要举行一次童子军大露营，基尔夫是这次活动的负责人，他需要找人帮忙。首先，他准备请美国一家大公司资助童子军的旅费。

基尔夫的目标是一个大老板，于是对其进行了一番调查。

他了解到，这位老板曾签出了一张100万元的支票，可是马上又宣布那张支票作废，后来又把那张废支票装入镜框作为纪念。

了解了这个情况，基尔夫已经想到了办法。他来到这位老板的办公室，并没有说资助童子军的事情，而是希望观赏一下那张支票。他说：“今天看到你的这张支票，是我平生的第一次。在此之前，我从没有听说有人开过100万元的支票。我回去之后，我一定要跟我的那些童子军们说，我今天在您这里的确见到过一张100万元的支票。”

这位老板很高兴，很快就取出来给基尔夫看。基尔夫表示羡慕、赞美。大老板很自豪地告诉他开出这张支票的经过情形……

那位老板一阵兴奋之余，突然问道：“哦，你找我有什么事吗？”

于是，基尔夫很轻松地说出了自己的来意。

出乎意料，这位老板不但立即答应了基尔夫的要求，且比他原来要求的还要多。本来，基尔夫只希望他赞助一个童子军去欧洲，可是这位老板说愿意资助五个童子军，而且连基尔夫本人的费用，他都给出了……

不知道你注意到没有？基尔夫跟这位老板谈话，开始并没有就谈童子军和他的来意，而只是谈谈对方最感兴趣的支票。设想一下，如果基尔夫事先没有找出这位老板兴趣所在，使他高兴起来，不大可能会这样顺利地跟他接近的，更不要说取得这样的效果了。

二、迎合对方的兴趣。

找到对方兴趣之后，就要想办法去迎合他的兴趣，并以此作为谈话的切入点。只有这样，才能进一步作好沟通。

费尔浦司是耶鲁大学文学院教授，对此很有研究，他讲过这样一个故事：

我8岁那年，一个星期六，我去姑妈家度假。那天晚上，有位中年人去姑妈家。这个人跟姑妈寒暄之后，注意力就转移到了我的身上。

那个时候，我最感兴趣的就是帆船，而那位客人谈到这话题上时，似乎也很感兴趣，于是我们谈得非常投机，就像遇到了知音。

客人走后，我就对姑妈说：“这人真好，他对帆船很感兴趣，并且还很有研究。虽然我还是个孩子，并不清楚帆船到底是怎么回事。”

姑妈告诉我：“这位客人是一位律师，对帆船不可能有什么研究，按理说，对帆船也不会有多大的兴趣。”

我很好奇，就追问：“可是他怎么一直与我谈论帆船的事呢？”

姑妈对我说：“他是一位有修养的绅士，他让自己到处受到欢迎，所以才很有兴致与你谈论你感兴趣的话题、陪你谈论帆船……

我当时虽然很小，可是这次经历在我的心目中深深地扎下了根——我这一辈子都不可能忘记这次经历，一辈子都会记住姑妈讲的那些话。这就是要说对方喜欢的东西。

费尔浦司教授就是这样按照儿童时代所获得的“金玉良言”去做，最终成为四处都受人欢迎的名人。请记住，如果你需要别人喜欢你，你就与别人谈论他所喜欢的话题，而不是你感兴趣的东西。

三、尽快找到“共同语言”。

交谈的双方，如果没有发现有用的共同语言，很多时候都是很难谈到一块的。常见这样的现象，两个人一见面，照例寒暄几句，把各自的家人都问候一遍之后，突然发现没话可说了。两个人大眼瞪小眼，仿佛一下子全都变成了哑巴。

反之，如果两个人有这样一种“共同语言”，就会变得有话可说，而且话越说越多，真有点相逢恨晚的感觉。

王先生新买了一台洗衣机，因质量问题连续几次拉到维修站修理都没有修好。后来，他找到李经理诉说苦衷。

李经理立即把正在看武侠小说的年轻修理工张冰叫来，询问有关情况，并提出批评，责令其速同客户回去重修。

一路上，张冰铁青着脸不说一句话，因为他正念念不忘武侠小说人物的命运。

王先生灵机一动，问道：“你看的《江湖女侠》是第几集？”

张冰答道：“第二集，快看完了，可惜找不到第三集。”

王先生说：“包在我身上。我家还有不少武侠小说，等一会你尽管借去看。”

紧接着，双方围绕武侠小说你一言我一语，谈得津津有味，开始时的紧张气氛消除了。后来，不但洗衣机修好了，两个人还成了要好的朋友。

怎样与陌生人“一见如故”

人和人之间的相识，都有一个从陌生到熟悉的过程，只是这个过程有长有短。有的人一见面就情投意合、亲如兄弟，有的人相识多年仍感陌生。

“一见如故，相见恨晚”，历来被视为人生一大快事。当今世界人际交往极其频繁，参观访问、调查考察、观光旅游、应酬赴宴、交涉洽商……善于跟素昧平生者打交道，掌握“一见如故”的诀窍，不仅是一件快乐的事，而且对工作和学习大有裨益。

一个陌生人在你面前并不可怕，可怕的是你不能与他交谈。要想和陌生人作好沟通，你只有主动、热情地同他们聊天，努力探寻与他们交谈的共同点，赢得对方的好感，这样才能拉近你们之间的距离。那么，怎样才能找到与陌生人之间的共同点呢？如何才能做到“一见如故”呢？下面介绍一些方法：

一、心思细密，善于观察。

一个人的心理状态、精神追求、生活爱好等，或多或少地要在他们的表情、服饰、谈吐、举止等方面有所表现，只要你善于观察，就会发现你们的共同点。

一个乘客出门，座位正好在驾驶员后面。不久，汽车抛锚了，驾驶员车上车下忙了一通，还是没有修好。这位乘客建议再查一遍油路，驾驶员将信将疑，下去查了一遍，果然找到了病因。于是，在开车的途中，乘客便与驾驶员交谈起来。

乘客：“你在部队呆过吧？”

驾驶员：“嗯，呆了六七年。”

乘客：“噢，算来咱俩还算是战友呢。你是哪个部队？”

一对陌生人就谈了起来，后来还成了朋友。

这个故事说明，通过观察，发现双方都当过兵这个共同点的，于是找到了一个朋友。察言观色发现的东西，要同对方的情趣爱好结合起来。如果自己对此也有兴趣，打破沉寂的可能性就大得多了。否则，即使你发现了共同点，没有把握好对方的情绪，也还是无话可讲，很难深入下去，讲一两句就“卡壳”了。

二、主动开口说话。

为了打破初次见面的沉默，主动开口说话是很必要的。开口说话的方法很多，比如用打招呼开场，询问对方的籍贯、身份等，从中获取有用的信息；还可以通过对方说话的口音、言辞觉察对方情况；以动作开场，也是一种常见的方法，在帮助对方做一些急需帮助的事，也能够发现有用的信息……

三、通过第三方介绍。

比如去朋友家串门，恰好遇到陌生人。作为主人的朋友，一般都会出面为双方介绍，说明双方与主人的关系、各自的身份、工作单位，甚至个性特点、爱好等等，细心人从介绍中马上就可发现对方与自己的共同之处。

一位物价局的官员和一位中学的教师，一天在一个朋友家偶然见面。经过介绍，这对陌生人认识了。他们很快发现了都是主人的同学这个共同点，就围绕“同学”这个突破口进行交谈，相互认识和了解，很快就变得亲热起来。

后来他们双双下海，开了一家咨询公司，很快就发展起来了。

在这种认识的过程中，要特别注意分析对方，发现共同点。朋友的介绍是很重要的，你要善于抓住其中的关键，以便在后来的交谈中延伸、不断地发现新的共同关心的话题。

四、细加揣摩，仔细分析。

为了发现陌生人共同点，应该留心那些你需要交际的人，当他们跟别人谈话时，对他们的谈话进行分析、揣摩。如果你能够与这样的人谈话，更要认真揣摩对方的话语，从中发现共同点。

在广州的一家大型百货商场，一位南海舰队的军官对服务员说："请你给我找特大号的服装。"

这位军官是苏北人，把"我"说成了地道的苏北土语。同时，另一位在广州陆军部队的军官，听了这句话，也用手指着货架上的某一商品对营业员说了一句相同的话，两句话的字里行间都渗透着苏北乡土气息。

两位陌生人相视一笑，各自买了要买的东西，出门就谈了起来，从老家问到部队，从眼下任务谈到这些年来走过的路，介绍着将来的打算。

身在异乡的一对老乡的亲热劲，不知情的人怎么也不会相信是因为模仿对方一句家乡话而带来的友情。可见，细心揣摩对方的谈话确实可以找出双方的共同点，使陌生的路人变为熟人，发展成为朋友的。

五、深入挖掘共同点。

在现实生活中，与陌生人交往时发现共同的话题并不难，可这只是谈话的初级阶段所需要的。随着交谈内容的深入，共同点会越来越多。为了使交谈更有益于对方，必须一步步地挖掘深一层的共同点，这样才能如愿以偿。

寻找共同点的方法还很多，譬如面临的共同的生活环境、共同的工作任务、共同的行路方向、共同的生活习惯等等，只要仔细发现，陌生人无话可讲的局面是不难打破的。

每一个拜访过罗斯福的人，都会对他渊博的学识感到惊奇。

勃莱福特说：“不管是牧童还是骑士，是政客还是外交家，罗斯福都像先知一样知道跟他说些什么。”这是怎么回事呢？

答案很简单：在接见来访的客人之前，罗斯福总统都要进行一番调查研究，准备好客人感兴趣喜欢听的话题。罗斯福就跟其他具有领袖才干的人一样，他知道这个秘诀：深入对方心底的最佳途径，就是谈论对方知道得最多、最感兴趣的事物。

在谈话过程中，尽可能了解有关对方的情况，包括文化背景、生活习惯、历史传统、性情秉性、爱恶嗜好等，是很重要的，否则，就很难取得预期的效果。一个人的经历是很有限的，不可能经历所有的事情，因而借鉴别人的经验对自己的进步帮助很大。

总之，初次见面的第一句话是叩开对方心扉的敲门砖，也是使人一见如故的秘诀。

打破沉默，开启沟通的话匣子

在交际过程中，经常遇到一些“闷罐子”。这些人总是习惯于沉默，说话对他们来说实在“太难了”。如果两个这样的人遇到了一起，那肯定是非常糟糕的。如果这两个人有重要的事情必须沟通，那情形就不是用“糟糕”能形容的了。

沟通是一种主动性交际行为，如果你总是选择沉默，定然使交际受阻。

美国作家马克·吐温出名之前，很不善于沟通。一次，有人把他介绍给后来成为美国第18届总统的格兰特将军。当时马克·吐温竟想不出一句可讲的话，而格兰特将军保持着平时的庄重、严肃，同样选择了沉默。

最后，马克·吐温说："将军，我感到尴尬，您呢？"

当然，有时候我们选择沉默，并不是真的喜欢这样，而是实在找不到话可说。这种情况，不少人都深有体会。例如在聚会上，我们想不到有什么风趣或是言之有物的话可说的时候；在求职面试中拼命想给人好印象却不知从何说起的时候。事实上，无论何时何地，我们遇上并不熟悉的人时，心里都会七上八下的感觉，不知该怎样打开话匣子。

然而，你必须先打破沉默，才能毫无拘束地与人交流，从而扩大自己的朋友圈子。

要开启陌生人之前的话匣子，首先要有沟通的欲望。主动去和别人沟通，尤其是和陌生人沟通。这就好像你不停地打开一些礼物盒，事前却完全不知道里面有什么。老实说，陌生人引人入胜之处，就在于我们对他们一无所知。

只要善于总结，开启话匣子的方法还是有很多的。

新奥尔良那个修女，她看起来温文尔雅、不问世事。但是阿迪斯不久便发现，她的工作原来是协助粗野的年轻释囚重新做人。他还在加拿大一列火车上遇到一位一本正经的老妇，她说她正前往北极圈内的一个村庄，因为她听人说在那里她会见到北极熊在街上走！

阿迪斯说："跟我谈过话的陌生人，几乎每一个都使我获益匪浅。"一个在公园里遇到的园丁，告诉阿迪斯当话题谈得差不多的时候，再找个借口离开、另寻聊天的对象。这种游击式的方法，很容易找到真正可以聊天的对象，也可以认识许多朋友。

另外还必须考虑到：对方也有针对于自己的“剧本”，如果对方提出自己预料之外的问题，那么失败的可能是自己。所以必须反复斟酌，不断改善，这样才能使对方成为主角。

沟通之道贵在主动，两个陌生人偶然碰到一块，如果有一方能够主动打破沉默，也能沟通顺畅成为朋友。比如：

甲：“您高寿啦？”

乙：“57。”

甲：“57比我大4岁，看上去比我年轻多啦。”

乙：“哪里，您就是头发早白了点儿，瞧你身子也还硬朗。”

甲：“硬朗个啥呀，高血压。”

乙：“哦，我也有高血压……”

沟通时打破沉默的技巧很多，比如：可以从对方兴趣爱好谈起，触动交谈欲望；可以从对方的烦恼忧虑谈起，给予理解、引起共鸣；可以从自己对对方的印象谈起，启动双向交流的枢纽；也可适当自我坦露心迹，引起“回报效应”。

走进对方心灵深处

我们每天和认识的、不认识的人见面、说话，在交谈的过程中，一定要充满感情，不能总是冷冰冰的。即便是两个不认识的陌生人，也要给予一定的热情和真诚，不要太冷漠。尤其你要和别人进行进一步的沟通时，更要带着感情去说话。

如果你的话能够引起别人的共鸣，甚至感动别人，这就说明你的沟通是成功的。反之，如果别人对你的话无动于衷，那你的沟通定然难以达到预期的效果。

在韩国，卢泰愚当总统时，曾经闹过一阵子工潮、学潮，甚至一些拾荒者也组织起来进行示威游行，要和政府谈条件。卢泰愚对此大伤脑筋，却又无可奈何。

这一天，一个中国人韩晟昊来拜访总统，他是卢泰愚的老朋友了。这时，碰巧有一批示威者又在闹事。韩晟昊见总统眉头大皱，便自告奋勇，要替卢泰愚去和他们“对话”，以缓和众人的情绪。

韩晟昊将破烂王们请进汉城驰名的长城大饭店，动情地：“我对总统说了，人什么都能忍耐，唯独肚子饿了不能忍耐……我非常同情你们。不过，我提个要求，不是不要你们斗争，而是要合理合法地斗争。现在，总统正在争取尽快促成国会批下你们的提议案，但也不能要价太高、要求太多。我看你们是否可以重新拟一份提议案，我保证到总统那里去，再为你们争取一下！”

韩晟昊的话入情入理，一下子便引起了拾荒者们的共鸣，尤其是当他说到“肚子饿了不能忍耐”时，几十名拾荒者的眼眶里全都泪花盈盈了。显然，韩老先生能平息众人怒气与怨言，与他话语中充满对对方的同情和关切有关，更与他不以势压人，而是用商量的语气相关，这就自然令人心折，让人对他产生亲切感。

你说的话能不能感动别人、让人产生共鸣，能否很好地达到沟通的目的，就看你是否用感情在说话，即是否有亲近感、感染力，是否善解人意、引人共鸣等等。它是使语言表达达到较好效果的一种重要手段。因此，如何增加自己语言的亲和力、感染力，值得人们认真关注。具体来说，你可以从以下几点入手：

一、说话坦率，让人更容易亲近。

一个说话坦率的人，更容易让人相信、亲近。很难设想，那些冠冕堂皇、虚情假意的话怎么让人产生亲近感？因此，即使对话双方身份不同、处境各异，只要说的是坦率的、真诚的、发自肺腑的话，往往都能起到感动人心的作用。

在美国一家电视台，有个叫奥普拉的脱口秀明星，她说话就非常坦率。

有一次，奥普拉主持与几位曾有过吸毒经历的母亲的谈话节目。其中一位母亲讲到，她是因为害怕失去男朋友才染上毒瘾的；另一位母亲则说，自己之所以来参加节目、公开自己的隐私，是因为奥氏从来不说假话。这时候，奥普拉再也忍不住了，冲口而道："我也吸过可卡因的——咱们同病相怜！"

话音刚落，一旁的同事惊慌不已，她却坦然道："没事儿，一切都过去了，一切都会好的。"正是在她的带动下，谈话者才都坦然地道出自己的真实感情来。

奥普拉作为一个明星主持人，说话如此坦率，简直有些"肆无忌惮"了。然而，正因为她这样坦率，她的话才给人一种亲近之感，才能得到对方同坦率的回答。

二、多肯定别人，让人更加信任你。

当一个人处于失望、沮丧的境况时，如果我们在说话时有意增添一些肯定性的内容，这就好比送去了及时的雨、顺帆的风，自然而然地会带给对方一种被人信任的感觉，从而也就起到了增强亲和力的作用。

青年业余作者小徐写了一个电影剧本《马背摇篮》。虽然完成到了第八稿，仍然被制片厂给否定了。正在苦恼之中，有人传话给小徐。说是谢晋导演看过那个剧本讲道：“虽然还不够成熟，却有火花，有闪光的东西，我读它的时候还掉了几次泪。”

小徐听过别人的这番转述以后，顿觉一股暖流从心底涌出。不由立即主动找到谢晋导演，终于促使这个本子获得通过，拍成了一部成功的影片——《马背上的摇篮》。

谢晋导演虽是无意中说的肯定性的话，可它给予当事人内心的冲击和信心，又岂是言语所能传达出的呢？人在关键时刻，这种富于信任感和亲和力的话，该对他的人生道路产生多大的影响，自然也是不言而喻的了。

三、说话时多用商量的口吻。

欲使自己的话有亲和力，就有必要尽可能地来个“板凳调头坐”，注意多以商量的口吻，讲一些与对方痛痒相关、利益相连的话，以增强关切感和认同感。

一家工厂就要倒闭了，工人们齐聚老板办公室愤然抗议。老板注视着工人们，镇静地说：“大家知道，今天即使把厂子拍卖了，也还得先还银行贷款，咱们一个人也分不了几文。工厂是大家的，我看，我们组成个专门委员会行不行？把工厂按比例分给大家，人人都是股东，都当老板。少拿点薪水，苦撑苦熬几个月看看。如果赚了，是大家的；如果赔了，那时再关门也不迟，对吧？”一番话，让工人霎时明白了老板还是“一条船上的人”，于是十分爽快地同意了老板的意见。

显然，老板是抓对了说话的角度，懂得以平等的、商量的语言与对方交流，从而增强了工人们对他的认同感，因此才收到了好的语言效果。

四、给别人一些理解和宽容。

如果与人对话时，多从沟通的角度出发，多一点将心比心的理解，多说一点善解人意的话。那么，语言表达就容易引起对方的共鸣，一种独特的亲和力也就寄寓其中了。

某商场要求员工真正将顾客当作“上帝”看待。一次，某顾客买了一只电饭锅。过了十几天却拿着另一只半新的电饭锅来要求“退货”，还蛮不讲理地同售货员吵了起来。

这时，商场另一位优秀服务小姐走了过来，弄清情况后，和蔼地说：“本来，商品使用过一段时间了，质量又没有问题，按规定是不可以退换的——不过，既然你今天执意要退。那也好，就算卖给我吧！”一番入情入理的话，反而让那挑剔的顾客自讨没趣，只好讪讪地拎着电饭锅走了。

这里，售货员使用了创设语题的方式，以善解人意的语言去与对方交流。从而达成一种理解或沟通。虽然她的理解之言，是以一种“软中带刺”的方式出现的，但也正因为这是理解之言，才激发了对方的同情心，使对方与自己产生情感上的共鸣。

言为心声，带着感情去说话

无论是在演讲还是在交谈中，要想让别人相信你、对你的话感兴趣，首先要强调的就是真诚。也就是说，不仅是用嘴，还要用“心”去说话。

学校要举行辩论会，有个学生被选出参加学院里的辩论队。

在辩论会开始的第一天晚上，辩论教授把他喊到办公室里责骂：“你真是饭桶！本院有史以来还没有一个演讲者比你更差劲！”

这个学生替自己辩解道：“我既是饭桶，干吗还挑我参加辩论队？”

教授答道："因为你会思想，而不是你会讲。到那个角落里去，从讲辞中抽出一段把它讲出来。"

他把一段话反反复复地说了一个钟头，最后，教授问："看出其中的错误了吧？"

"没有。"

于是教授让他再来一个半钟头，两个钟头，两个半钟头……最后，他精疲力尽。

教授问："还看不出错在哪里吗？"

他说："看出来了，我没有诚意，我根本心不在焉，我说的话缺乏真情实感。"

就这样，他上了最难忘的一课，把自己融入了说话之中。从那个时候起，他就开始对自己所讲的话题热心起来。

这时，博学的教授才说："现在你可以讲了！"

"真诚"是一种主观感受。也就是说，对方认为你是真诚的就行了，哪怕你在睁着眼说假话。换言之，说话的内容未必是真实的，但是参与语言行为的人认为是真实的就可以了。

此外，发自心灵的声音，还必须有声有色，妙语连珠。

为了使交谈取得良好的效果，应该注意语言的选择、加工和提炼，力求做到准确、生动、形象，说着顺口、听着悦耳。同时，还应注意语言的更新，不断地把生活中富有生命力和表现力的语言引进自己的言语之中，给人以清新之感。

如果颠来倒去，就那么几句老掉牙的话，词汇贫乏、语言无味，既不形象生动，也不新鲜活泼，怎么能产生感人的力量呢？又怎么能很快地进入角色呢？只有语言生动清新，才能长时间地留在人们的记忆里。

下面是一段对话，他们每个人都带着强烈的感情色彩，都说出了自己的心里话。

第一个人："活得太累了。没完没了的解释、无休止的小心、年累月地为别人活着、看别人脸色、讨别人喜欢、避别人忌讳、给别人好感。摇旗呐喊、插科打诨，不想笑要笑、哭不出来要哭……累了，累了，活得太累了。"

第二个人："活腻味了，爱过了，恨过了，哭过了，笑过了，乐过了。金银财宝，身外之物。功名利禄，过眼云烟。香酥鸡、肯德基、道口烧鸡、德州扒鸡，大同小异。长城饭店、昆仑饭店、建国饭店、国际饭店，千篇一律。台球、保龄球、羽毛球、高尔夫球，无非是球。人生不过如此，该收场了。游戏人生，我够了。你们爱玩儿去吧，别拉扯上我。"

第三个人："怎么能这样对待生活！怎么能说活得太累！怎么能说活得腻！在这大变革时代，难道你就没有一点社会责任感吗？人生在世，难道就为自己活着？我们的国家能有今天，这容易吗？同志们，振兴中华，匹夫有责，开放改革，重担就落在你、我、他的肩上。我们应该对社会负责，对国家负责，对后代负责。否则就是犯罪！振作起来啊，前进！"

第四个人："你有什么资格教训别人？你是活得有滋有味，轻松自在。坐公家的小车，住公家的小楼，吃着公家的宴会，三天两头上电视，三月两月出趟国。你当然可以大谈社会责任感。可你自己呢，你有多少社会责任感？"

第五个人："何必那么激动？你以为当官的都那么快活？你以为当官的都活得挺舒坦？没有那事儿。官场不好混。左右逢源，上下照应，按下葫芦起来瓢，没金刚钻还真揽不了这瓷器活儿。别瞧当官的就有气，别瞧着当官的发号令就腻烦，人家也有一本难念的经。就说社会责任感吧，他当官的不说谁说？"

第六个人："算了，算了，都别嚷嚷了。树林子大，啥鸟都有，人跟人哪能都一样？不把社会责任感挂嘴上的，有的不一定没有社会责任感。把社会责任感挂嘴上的，有的确实有社会责任感，有的也不一定有社会责任感。”

第七个人：“算了，算了，管他呢，反正都得活着。活着就是得吃喝，吃喝就是消费，消费就刺激生产。更何况，吃了喝了还得拉、还得撒，拉了撒了就为社会增加了肥料。走，喝二两去！”

有道是，听其言，观其人，言为心声。七个人的心里话，描绘出了各自的形象。虽然说，这七个人的口才未必都很高明，但他们都是在用心说话，所以才能让人产生共鸣。练就好口才绝不是一件容易的事情，但也不是高不可攀，只要掌握了一定的说话技巧，面对不同的语言环境随机应变，就能取得最佳的表达效果。

学会倾听，无声胜有声的沟通绝技

在开口说话之前，最好先要学会倾听。

人们都喜欢别人认真倾听自己的话，在商场上应该遵循先倾听别人说话的原则，在日常生活中也是一样。是否在说话之前先倾听，在处理人际关系上差别是非常大的。

如果你能够专心倾听一个人说话，他会感到自己受重视。另一方面，你只有听了别人的意见，才能够知道他心里想的是什么，也就能相应地做出反应，有利于决策的优化。而如果不愿意倾听别人说话，则会让说话人非常不快，弄不好还会闹出冲突来。

格林先生从商店买了一套衣服，然而很快他就失望了，因为衣服会掉色，把他的衬衣领子染成了黄色。他拿着这件衣服来到商店，找到卖这件衣服的售货员，想说说事情的经过，可售货员根本不听他的陈述，只顾自己发表意见，使他在失望之余又加了一层愤怒。

“我们卖了几千套这样的衣服，”售货员说，“从来没有出过问题，您是第一位，您想要干什么？”她的语调似乎表明：“你是在撒谎，你想诬赖我们。”

他们吵得正凶的时候，另一个售货员走了过来，说：“所有深色礼服开始穿的时候都多多少少有掉色的问题，这一点办法都没有，特别是这种价钱的衣服。”

“我气得差点跳起来，”格林先生后来回忆这件事的时候说，“第一个售货员怀疑我是否诚实，第二个售货员说我买的是便宜货，这能不让人生气吗？最气人的还是她们根本不愿意听我说，动不动就打断我的话。我不是无理取闹，只是想了解一下怎么回事，她们却以为我是上门找茬的。我准备对他们说：‘你们把这件衣服收下，随便扔到什么地方，见鬼去吧。’”这时，商店的负责人沃特女士过来了。

首先，沃特女士一句话也没有讲，而是听格林先生把话讲完，了解了衣服的问题和他的态度。这样，她就对格林先生的诉求做到了心中有数。结果，她对格林先生道了歉，说这样的衣服有些特性她们没有及时告诉顾客，请求他把这件衣服再穿一个星期，如果还掉色，她负责退货。当然，对被染过色的衬衣，她送给了格林先生一件新的。

一个商店的售货员，如果拼命地称赞他的东西怎样好、不给顾客说一句话的机会，就很可能会失去这位顾客的生意。因为顾客不过把你天花乱坠的说话当作是一种生意经，绝不会轻易相信而购买的。反过来，你如果给顾客说话的余地，使他对商品有评价的机会，你的生意便有可能做成功。因为顾客总有选择和求疵的心理，如果只是一味地夸耀，或是对顾客的批评加以争辩，这无异于说顾客不识货，这不是对顾客极大的侮辱吗？他受了极大的侮辱，还会来买你的货物吗？

每个人都有很强烈的表现欲，但是要想让别人对自己更有好感，同时让自己的表达更有针对性、更能被别人接受，一定要暂时压抑这种表现欲，听听别人是怎么想的，交谈时给别人说话的机会。

有些人在交谈中常易犯一个毛病：一旦他们打开话匣子，就难以止住。其实，这种人得不偿失，因为他们自己话说得多了，既费精力，给他人传递的信息又太多，也还有可能伤害他人；另外，他们无法从他人身上吸取更多的东西，当然问题不在于别人太吝啬，而是他不给别人机会。

如果有几个朋友聚在一起谈话，当中只有一个人口若悬河，其他人只是呆呆听着，这就会成为一个人的演讲会，让在场的其他人感到无可奈何甚至愤怒。

其实，每一个人都有着自己的发表欲。比如小学生对老师提出的问题，争先恐后地举起手来，希望老师让自己回答，即使他对于这个问题还不是彻底了解，只是一知半解懂了一些皮毛，还是要举起手来，也不在乎回答错了要被同学们耻笑，这就说明人的表现欲是天生的，因为小学生远不如成年人那样有那么多顾虑。成人们在听人家讲述某一事件时，虽然他们并不像小学生那样争先恐后地举起手来，然而他们的喉头老是痒痒的，他们恨不得对方赶紧讲完了好让自己讲。

阻碍别人的发表欲，人家一定对你不满意，你在此情况下很难得到别人的认同。为什么要做这样的傻事呢？你不但应该让别人有发表意见的机会，还得设法引起别人说话的欲望，使人家感觉到你是一位令人喜欢的朋友，这对一个人的好处是非常大的。

有一年，美国最大的一家汽车工厂正在准备采购一年中所需要的坐垫布。3家有名的厂家已经做好样品，并接受了汽车公司高级职员的检验。然后，汽车公司给各厂发出通知，让各厂的代表做最后一次的竞争。

其中一个厂家的代表基尔先生来到了汽车公司，他正患着严重的咽喉炎。“当我参加高级职员会议时，”基尔先生在卡耐基训练班中叙述他的经历时说，“我嗓子哑得厉害，几乎不能发出声音。我被带进办公室，与纺织工程师、采购经理、推销主任及该公司的总经理面洽。我站起身来，想努力说话，但我只能发出尖锐的声音。大家都围桌而坐，所以我只好在本子上写了几个字：‘诸位，很抱歉，我嗓子哑了，不能说话。’

“‘我替你说吧。’汽车公司总经理说。后来他真替我说话了。他陈列出我带来的样品，并称赞它们的优点，于是引起了在座其他人活跃的讨论。那位经理在讨论中一直替我说话，我在会上只是微笑点头或做少数手势。

“令人惊喜的是，我得到了那笔合同，订了50万码的坐垫布，价值160万美元——这是我第一次得到这么大的订单。

“我知道，要不是我实在无法说话，我很可能会失去那笔合同，因为我对于整个过程的考虑也是错误的。通过这次经历，我真的发现，让他人说话有时是多么有价值。”

与其自己唠唠叨叨地多说废话，还不如让别人痛痛快快地去说话，这样反而会得到意想不到的成功。如果能够给别人说话的机会，你就给人留下了一个好印象，以后别人就会更愿意与你交谈了。

有些时候，在特定的环境中，你完全可以不必说那么多的话，只需用你的沉默来表达不满，就会让他们感到不安，从而反省自己。通过这种毫不费力而又不伤和气的方法来达到目的，是真正明智的选择。

比如，亲人依依惜别、知己久别重逢，在这种悲喜交加、百感交集的时刻，他们往往不是万语千言，互诉衷肠，而是“默默无语两泪眼”，似乎只有沉默才能表达出他们此时此地的百转柔肠。再有，热恋中的情人，花前月下、相依相偎、深情缱绻，彼此却默默无语，只能听到恋人的心跳，此刻是两颗心儿在互诉衷情，任何甜言蜜语的表白都只能是多余的和蹩脚的。

法国有句谚语："雄辩如银，沉默是金。"在我们的生活和工作中，有些时候确实是沉默胜于雄辩。与得体的语言一样，恰到好处的沉默也是一种语言艺术，运用好了常会收到"此时无声胜有声"的效果。

日本海军偷袭珍珠港得手后，尽管美军损失惨重，太平洋舰队几乎全军覆没，但在一些美国议员之中，还是有为数不少的人反对美国向日本宣战。

当时罗斯福已经将局势分析得十分透彻，他明白如果不趁日军立足未稳时发动战争，等到将来战争会变得异常艰难。同时，他也明白那些持反对态度的人的想法：一战中，美国在最后阶段才参战，而且战争没有在美国本土进行，所以美国因此而大发其财；现在美国一旦参战，国内经济必受影响，同时战争的胜负很难预料，如果战事对美国不利，到时如何收场？

罗斯福明白这些人的忧虑，但他以政治家的眼光觉察出这些担忧是毫无必要的，所以他决定：美国必须参战。

在一次会议上，当大家为战还是不战而争论不休时，双腿残疾的罗斯福突然要从椅子上站起来。当他挣扎着要从椅子上站起来时，两名白宫的侍从慌忙上前想帮他一把，但让人意想不到的是罗斯福愤怒地将他们推开了。

于是，在众人惊讶的目光中，罗斯福摇摇晃晃地挣扎着，从椅子上缓缓地站了起来。然后他满脸痛苦却倔强地坚持站着，默默地看着周围的人，一言不发。

全国的电视观众都看到了这一画面，他们被感动了。是呀，有什么困难是不能克服的？于是，国会很快做出决议：对日宣战。

说话似乎只是声音的艺术，其实它综合了情感、场景、肢体动作等诸多因素。无声，让情感和肢体动作发挥主体作用，让它们来"说"出你要说的一切，这也是说话的艺术。

第五天

话题：找准话题层层推进

语言是人类重要的交际工具之一，人们的思维感受都需要依靠语言来直接显示。人与人的交际沟通需要寻找语言的共鸣点，也就是共同话题，如若一开口就口无遮拦、辞不达意，那便很难继续沟通下去，无论是恋爱约会还是商业洽谈，都需要寻找话题，层层推进，进而加深了解。

有话则长，寻找共同的话题

两个人萍水相逢，素昧平生，该怎样沟通呢？有人感到拘束无比、羞于启齿；有人觉得找不到共同话题，无法交谈。他们或局促一角，尴尬窘迫：或欲言又止，话不成句；或说话生硬，使人误解……

之所以出现这种现象，除了缺少和陌生人说话的勇气和信心外，彼此找不到共同的话题也是一个重要的原因。好的话题，是初步交谈的媒介、深入细谈的基础、开怀畅谈的开端。一旦找到合适的话题，就能使谈话融洽自如。

两个年轻人从浙江某县城上车，坐在同一条长椅上。

“你好，请问你在什么地方下车？”其中一人问对方。

“到终点站，你呢？”

“我也是，你到浙江什么地方？”

“我到杭州找女朋友，你就是此地人吧？”

“不是的，我是从外地来走亲戚的。”

经过双方的言语试探，双方都对浙江很熟悉，又都是外来者，这样他们的共同点就彼此清晰了。两个人发现对方的共同点后谈得很投机，下车后还互邀对方做客。

那么，该如何寻找合适的话题呢？你不妨从天气、籍贯、兴趣和衣着等方面着手，问对方这些方面的问题且不易触及对方敏感处。

例如："你故乡是哪里啊？"

"扬州。"对方回答。于是，你就顺着扬州往下发挥："那是个不错的好地方呢，不但风景美丽，住在那儿的人们也颇富文人气息。"

"是啊，咱们扬州……"谈起家乡，对方很快兴奋起来。

如此这般，你就轻松地让对方打开了话匣子。

或者，你可以说："今天天气真好，如果能外出郊游，一定很不错。"

"是啊，你喜欢爬山还是游泳？"对方配合得不错。

"我喜欢爬山……"顺势类推，绝对能找出源源不断的话题，甚至觉得意犹未尽呢。

可见，一个懂得沟通技巧的人，总是能找到一些有趣的话题。哪怕是刚见面的陌生人，也能很顺利地进行沟通，这就是人们常说的"自来熟"。

在一家旅店，一个旅客正悠闲地躺在床上欣赏电视节目，一个刚到达的先生放下旅行包，稍拭风尘，冲一杯浓茶，开始研究那位看电视的旅客。

先生说："你好，来了很长时间了吧？"

旅客回答："刚到一会儿，正看电视呢。"

先生："听口音不是苏北人啊？"

旅客："噢，山东枣庄人！"

先生："啊，枣庄，好地方啊！读小学时，我就在连环厘《铁道游击队》中知道了。几年前去了一趟枣庄，还颇有兴致地玩了一遭呢。"

接着两个人就谈了起来，那亲热劲，不知底细的人恐怕还以为他们是一道来的呢。接着就是互赠名片，一起进餐，睡觉前双方居然还在各自带来的合同上签了字——枣庄客人订了苏南某人造革厂的一批产品，苏南先生从枣庄客人那里弄到一批价格比较合理的议价煤。

在上面的例子中，两位互不相识的旅客，能够一见如故、交上朋友，就在于他们找到了“枣庄铁道游击队”这个共同的话题。

就算是刚认识的陌生人，彼此也一定有许多相同的地方，或是共同的兴趣爱好，或者是在籍贯、经历方面有相似的地方。总之，共同的话题可以有很多很多，只要你多花些心思、多一些锻炼，肯定能够找得到。

无话则短，说话的时机也很重要

能在最适宜的时机说出最适宜的话，这才是最会说话的人。否则，如果说话的时机把握不好，那你说出的话再漂亮，也是没用的废话。

好的时机常常就在瞬息之间稍纵即逝，而且时不我待，失不再来。因此，说话时机的把握，比掌握、运用其他说话技巧更难、更重要。

那么，什么时候才是这“决定性的瞬间”，怎样才能把握并及时抓住呢？

时机的把握，没有一定的规则可循，主要看谈话时的具体情况，凭你的经验和感觉而定。在交际场合，常常出现这种情况：有的人口若悬河，滔滔不绝，十分健谈；而有的人即使坐了半天，也无从插话，找不到话题。这就是一个“切入”话题的时机问题。

那么，怎样才能及时地“切入”话题呢？

最重要的是寻找发表自己意见最佳的时机。

有共同语言之后，什么时候“切入”话题就显得很重要了。

比如在讨论会上，什么时候是最佳发言的机会？如果你第一个发言，虽然能够给听众造成先入为主的印象，可是，一般情况是，因为时间尚早，气氛难免显得沉闷，听众尚未适应，不太好调动他们的情绪。可是如果到了后边再讲，好处是能够吸收别人的成果，进行有效的归纳整理，显得井井有条，或针对别人的漏洞，发表更为完善的意见。可是因为时间太晚，很多听众都会觉得疲倦，希望尽快结束发言而不愿再拖延时间，因此效果也不理想。

经过研究证明：最好的发言机会是在第二或第三个人发言之后及时切入话题，这样的效果最好。在这个时候，说话的气氛已经活跃起来，如果你不失时机地提出自己的想法，常常最容易引起人们的关注。

研究证明：反映情况或说服他人的最佳时机是对方心情比较平和的时候。由于劳累、不顺心或注意力集中在其他事情上时，他们是没有心情来听你说话的。

选择时机，是一种尊重对方的表现，同时更是发挥说话效果的好方法。只有对方对你所谈的事情感兴趣的时候，你的话才会产生应有的效果，达到预期的目的。

有些人说话态度很积极，但发表意见时不免有失偏颇，令人难以接受。若直截了当地驳回，又易挫伤其积极性；循循诱导又费时，精力也不允许，最好的办法便是毫无表情的缄默。他说什么，你尽管听，“嗯”“啊”……什么也不说，等他说够了、告辞了，再用适当的不带任何观点的中性词和他告别：“好吧！”或“你再想想。”别的什么也不说。

这样，他回去后定然要竭思尽虑，对你的缄默进行反省：今天谈得对不对？对方为什么不表态？错在哪里？也许他会向别人请教，或许自己能悟出原因。

“无话则短”并不是说人应该闭口不言，而是要见机行事，当说则说，不当说则三缄其口。懂得说话艺术的人非常明白这一点，他们掌握了以下三条原则：

1. 该说的对象便说，不该说的对象则不说。如有需要求人之事，遇到肯热心帮忙的人则说，否则便不能说；有些事遇到性格沉稳之人可以说，遇上性情暴躁的人则不能说；对于性格腼腆的人不要乱开玩笑；对于有生理缺陷的人不要涉及相关的话题；对于妒忌心强的人不要谈论自己和别人的成就；对于异性不要用容易引起误会的措辞……

2. 该说的事情便说，不该说的事情则不说。可以谈众所周知之事，不能谈别人的隐私；背后可以谈别人的优点，不可谈别人的过错；可以谈既成的事实，不可空谈今后的打算；可以谈对方感兴趣的事，不可谈对方忌讳的事……

3. 该说的时候便说，不该说的时候则不说。在对方心情舒畅时可以谈求助之事，在对方心烦意乱时则不谈；在对方情绪低落时可以谈令对方振作之事，遇对方兴致很高时不可谈令对方扫兴之事；在对方喜庆的日子不谈不吉利之事，在对方哀伤的时候不谈惹人欢笑之事……

传情达意，接近异性的说话技巧

当你和某个异性刚刚相识，虽然不能说是一见钟情，但也有了一定的好感。这时候，如何让你们的关系继续发展下去、最终结出爱情的果实，这是急需解决的问题。

首先，你要不断接近他（她），增进彼此的感情。这时候，如何说话就显得异常重要。特别是初次约会时，双方都比较拘谨、羞怯，往往不知道该说些什么。

爱情需要感情作为基础，而感情培养同说话有密切的联系。谈情说爱着重于“谈、说”二字。因此，掌握接近异性的说话技巧，对你的爱情之路大有裨益。无数的事实证明，男女之间互相怀有好感，长出了感情的幼芽，是否使它健康地生长、直到开出花朵、结出果实？如何浇灌语言之水是其中一个重要的因素。

具体来说，异性交往的说话艺术，要掌握以下几点：

一、让自己别具一格。

所谓别具一格，就是要摒弃一般的做法，采用更加新颖、别致的说话方式。比如你遇到一位优秀的女性，千万不要急着对她进行赞美，因为你的溢美之词可能只不过是在重复别的男人曾对她说过的话。对她而言，她已烦得时常感觉自己像个留声机了。

对于漂亮的人，就说真漂亮；有才华的人，就说有才华，这也太没有创意了。所以，你绝对不能再对她显而易见的优点，诸如美貌啊、才情啊、业绩啊大肆恭维。

你要做的就是要别出心裁、独具一格，以此来证明你的独一无二和她的独一无二。比如当大家都在以赠送钻戒给自己的女友为时尚时，你却赞美她那一双毫无修饰的纤纤素手，说这双手如果戴上了钻戒是被玷污了，也就是说多一分或少一分都将破坏这双手的美感。诸如此类，不一而足。反正是你要说、要做一些与众不同的事，来显示你的鹤立鸡群。

二、适当沉默并且微笑。

在一个出色但你又比较陌生的女性面前，你可能会情不自禁地想表现自己，此时你一定要记住：言多必失，当心一不留神露出了你的软肋。没有一位女性会喜欢上一个啰嗦的、并整天板着脸的男人。女人更愿意相信：话少的男人具有权威性和可信度。

当然，你也不能完全信服沉默是金，如此你便彻底地消失了。你要以尽可能少的话语和尽可能多的微笑来打动她。适当的沉默加稍多的微笑，可是利器一件哦。此时你所说的话可真称得上是字字珠玑了。

三、采用自然而然的交往方式。

在社交场合，女性最讨厌的男人有两种，一种是不合群的，这类男人常常是毫无兴致与别人交谈；而另一种人则喜欢饶舌，不顾别人感觉而一味表现自己，比较受欢迎的做法是自然、轻松、亲切地与女性交往，不令女性反感或尴尬。这种亲切自然的交往方式会使女性对你解除警戒而不设防，为你的交往大开方便之门。

四、鼓足勇气，大胆进攻。

如果你有幸遇到了一位非常优秀的女孩，而你又生怕错失良机，不妨鼓起勇气、大胆进攻。你可选择一个合适的机会，比如在与她外出过马路时，可用手轻轻托住她的肘弯，穿行于车水马龙之间，使她产生一种安全感。

不过，这样做会有两个结果：第一是使女性认为你具有绅士风度，能从小处着手呵护女人；第二是如果你分寸拿捏不准的话，会令女性误认为你是一个鼠辈。

五、心理暗示的表达方法。

换句话说，此法便是“自说自话”以争取主动。因为女性一般都是被动的，习惯于依赖，你可根据具体情况，借机多拿主意，把自己当作是她的男朋友，与她在一起时，可时时以“我们”称谓。女人是很讲究感情的，时常会生活在幻想之中，你的所作所为会使她产生一种错觉，以为自己真的和你成了“我们”。

如果你福星高照的话，她可能就会在不知不觉中认同了自己的身份，反之则有可能认为你的脑子有毛病，有没有搞错，谁跟你来“你们”“我们”的。

此外，在和异性交往中，还要注意一些说话的禁忌。比如说话时装模作样，故意用粗暴的语言，或是用自来熟式的语言说话，都是不允许的。特别是男性，更要谨慎使用低下谦逊的语言，女性也不要常说“撒谎”“讨厌死了”的话。虽然没有必要故作文雅，但与异性朋友说话时，最好还是注意恭敬点好。

初恋青涩，把你的爱情表达出来

恋爱都是“谈”出来的，男孩追求女孩，除了靠一颗真心，更要依靠“甜言蜜语”；女孩追求男孩，也需要情意绵绵的话语来实现。对恋人们来说，听着自己喜欢的人那美妙的声音，徐徐在耳畔回响，这本身就是乐趣，就是幸福。比如：向心上人表达爱情，这是一种最甜蜜、最伤神、最微妙的感情活动，既要传达你的爱意，又要在谈话中了解对方的情意，知己知彼方能促进爱情的发展。在表达爱情的过程中，把握好性别角色和情感浓度，发扬大胆主动、锲而不舍的精神，一定能拥有甜蜜永久的爱情。

谈恋爱实际上就是向对方表现自己智慧的过程，在这个过程中，往往几句话，就能收到特别的效果，这种话语内在的精神力量往往比物质力量更加强大。也就是俗话所说的：金钱买不来的东西，语言可以得到。

那么，男性如何来赢得女性的好评或者说是芳心呢？这里向你提供几种策略：

1. 表达要有创意。

男："亲爱的，我对你的热度已经达到120度了。"

女："哦，那我就要准备和你结婚了。"

男："真的？"

女："这样，咱俩不就熔化在一起了嘛。"

2. 要有幽默感。

幽默的语言，从来就是爱情的催化剂，它能增添你的魅力、促使你恋爱成功。下面一段恋人的对话，就充满了情趣：

男："我收到一条信息：你爱我，是吗？"

女；"这条信息反馈的真快。"

男："这太好了，我……恨不得……恨不得承包……"

女："承包什么？"

男："承包你的全部爱情。"

女（叹了口气）"：妈妈原来说由我自己做主的，就怕到时候不给我落实政策。"

男（激动地）："我们不需要父母的赞助！"

女："小声点！你的声音跟立体声似的，又不是在做广告，要搞得人人皆知。"

男："不要紧，这是公园最安全地带，是恋爱的特区。"

3. 要含而不露。

含蓄的爱情，最有古典美。有时候，如果太直白了，反而破坏了爱情的美感。

翠兰姑娘交上了一位胆怯而寡言的男朋友，他的名字叫李实在。他常去找她，很想接近她，但又没有勇气向她求爱。翠兰喜欢他的诚实，但又清楚地知道他的弱点。

一个月牙儿当空的夜晚，万籁俱寂，他和她在小河边的柳树下坐着。为了打破僵局，翠兰想法子要给他一个亲近的机会。

翠兰："有人说，男子的手臂的长等于女子的腰围。你相信不？"

李实在："你要不要找根绳子来比比看？"

翠兰生气地责怪："谁要你找绳子！"

李实在不解地问："你不是要量腰围吗？"

翠兰的话是一种含蓄的鼓励，而这位李实在，不知道是故意装傻，还是确实太老实巴交了。相信这样一段小插曲，一定会在他们未来的生活中留下美好的记忆。

恋爱中的人，只要具有良好的口才，你感情的表达和交流就有了一个很好的工具，你就能更好地掌握爱情几个阶段的"火候"。如果你能发挥幽默力量，更能使你的爱情语言妙趣横生、进展顺利。磕磕碰碰时开个玩笑，逗逗乐子，化干戈为玉帛，和好后感情会胜过当初。假如口才素养低下，有“情”不能谈，有“爱”不能表，久而久之，已萌发幼芽的爱情便会枯萎。

动之以情，用真诚去打动客户

推销的过程如同攻陷一座城堡，而攻城的最佳策略，就是攻心。所谓“上战伐谋，攻心为上”就是这个道理。而推销中的“攻心”，就是用真诚去打动客户。

反之，如果一味“强攻”“猛攻”，顾客这座“城堡”只会把你拒之门外。

这天，一位顾客走进一家电器商店。他东看看，西瞧瞧，很快对一台音色清纯透亮、低音浑厚震撼力强的音响发生了兴趣。

此时，一位男售货员热情地迎上来，满脸职业微笑，主动介绍这种新产品。他的介绍很在行、很流畅，从性能优势到结构特点，从价格比到售后服务，一一道来，并进行了演示。

起初，顾客被他那热情而熟练的介绍所感动，对产品产生几分好感。本想问点什么，可是他连珠炮似地讲着，对方总也插不上嘴，他不管你懂还是不懂，也不管你反应如何，喋喋不休地讲下去，似乎你不掏出钱包他就绝不罢休。

于是，顾客的心里有几分不悦了，特别是当他褒扬自己的品牌而贬低其他品牌时，顾客不免对他的动机产生了疑问：如此夸夸其谈后，产品性能是否果真高超？顿时，这种疑虑把先前产生的好感一扫而光，只是出于礼貌不好意思走开。幸好这时又来了一位顾客，他乘机“逃”出了商店。不用说，那位售货员为他白费了口舌而有几分失望和怨愤。

我们不能不说这是一位训练有素且内行的推销员，但为什么他那滔滔不绝的介绍反而扑灭了顾客的购买欲望呢？这是因为，他根本不懂得说话的奥妙。

最能推销产品的人并不一定是口若悬河的人，而是善于表达真诚的人。当你用得体的话语表达出真诚时，你就赢得了对方的信任、建立起人际之间的信赖关系，对方也就可能由信赖你这个人而喜欢你说的话，进而喜欢你的产品了。

不仅推销员讲话如此，就是日常说话也是同样的道理。背得很熟，讲得最顺畅的演讲也不一定是好的演讲。滔滔不绝、一泻千里的演讲虽然流畅优美，但是如果缺少诚意，那就失去了吸引力，如同一束没有生命力的绢花，很美丽但不鲜活动人，缺少魅力。

因此，演讲者首先应想到的是如何把你的真诚注入演讲之中，如何把自己的心意传递给对方。只有当听者感受到你的诚意时，他才会打开心门，接收你讲的内容，彼此之间才能实现沟通和共鸣。某学院有这样一个实例：

有位老师写了一本书，出版社让他推销1000册。对他来说，这远比讲课要难得多。为了把书推销曲去，他在学员队搞了一次演讲，他说：

"……当老师的在这里推销自己写的书，总不免有些尴尬。不过，如今作者也很难，写了书，还得卖书。出版社一下压给我1000册，稿费一文没有，所以我不推销不行。这本书写得怎样，我自己不好评说。

不过有两点可以保证：第一，这本书是我用3年时间完成的，是我心血的结晶；第二，书的内容绝不是东拼西凑抄下来的，是我自己长期思考的见解。前不久，这本书被思想政治工作研究会评为社科类图书的二等奖，这是获奖证书。

说实话，对于我们这些教书匠来说，搞推销比写书还觉得难，只是硬着头皮来找大家帮忙。不过，买不买完全自愿，绝不强迫。如果觉得这本书对你有用，你又有财力就买一本，算是帮我一个忙。谢谢！”

结果，他的这次演讲立即产生了效果，一次就卖掉了300多册。

这位教员不是专职推销员，但是他却获得了成功。从某种意义上说，他的成功就在于他恰到好处地表达了自己的真诚、赢得了听众的信赖。这再一次说明，在讲话中，学会……表达真诚要比单纯追求流畅和精彩更重要。

比如利用真诚与性格内向的人交朋友。一般说来，性格外向的人容易相处，那么怎样与性格内向的朋友相处呢？首先要注意的就是要真诚、坦率地与他交往。

凡说话、办事都要本着“以心换心”的原则，否则就难以消除他易于多疑和前后顾虑等内向人常见的不良心理。

总之，要想让客户购买你的产品，首先要让他们信任你。而要让客户信任你，你就必须要真诚。这也是打动客户最简单有效的办法。

心理学家为推销员提出一种推销方法，这种方法要求推销员把自己想象成买主，即从买主的立场出发考虑问题。当买主对于推销的产品提出批评意见时，你要装出忘记自己推销使命的样子，站在对方一边说话。

比如，你推销的是电风扇，顾客对这种产品挑剔很多，并声称不买电风扇也可以。这时候你就顺着对方的意思说话：“这种产品确实不太好，砸那么多钱买到一件不如意的东西真不合算！”这种话一出来，对方的感觉就好像正在使劲推一扇门，门突然不见了，自己有劲也使不上。这样一来，他的反对意见反而显得不重要了，即使还有什么不满意的话也觉得没有必要说出口了。

接下去，推销员可以乘势转变，以富有同情心的语调真诚地为对方设想。“一般电风扇都有这种毛病”“今年夏天虽然不太热，但电风扇还是用得着”“如果不在乎价钱的话，可以买好一点的”……在这样的交流中，对方无形中就把你当作帮助拿主意的人来看待，对推销员本能的戒心消除了，在这种情况下，买主很容易在推销员暗示下，做出购买电风扇的决定。

按照常理，推销员要推销自己的货物，必定要极力吹嘘，吹得过分一些，就难免有水分。长此以往，人们对推销货物者普遍形成了一种偏见，认为他们说的话没有真的。广泛宣传的产品收效甚微，其道理也就在这里。而当推销员以知心朋友身份出现时，顾客就会被对方的真诚所感动，从而被说服。

第六天

说服：攻占别人的内心

说服是语言艺术的应用之一，有很多人正是靠着说服别人来获得收入。比如业务员，他们必须说服客户购买他们的产品。当然，说服的应用范围远远不止这些。不过现在我们应该考虑的是：怎样去说服？你要知道，每个人都有逆反心理，不会轻易被别人说服的。

说服一个人很难吗？

说服，就是通过说理，使对方理解、信服。说服是一种十分重要的语言艺术。只有说服了对方，才能进行信息沟通，才能达到销售、推荐的目的。

但要说服别人，特别是一些顽固的人，并不是一件容易的事，这需要一套高明的说话技巧。首先你要考虑一个问题，这个问题不解决，想说服别人根本无从谈起。

这个问题就是：你凭什么说服别人？或者说，别人为什么非要听你的？

我们不妨先看看下面这个故事：

齐景公非常喜欢打猎。喂养了一些捉野兔的老鹰，这些老鹰由烛邹管理。有一次，烛邹不小心，让一只老鹰逃走了。

齐景公知道了，大发雷霆，要将烛邹推出斩首。晏子对齐晏公说：“烛邹罪不可赦，不能就这么容易杀了他，让我来宣布他的三条罪状，然后再将他处死吧！”

齐景公点头允许。于是晏子指着烛邹数落道：“烛邹，你为大王养鸟，却让鸟逃走了，这是第一条罪状；你使大王为了鸟的缘故而要杀人，这是第二条罪状；把你杀了，让天下诸侯都知道大王重鸟轻士，这是你的第三条罪状！好啦，大王，请将他处死吧！”

齐景公听出了晏子的话中之话，只好说：“算啦！不用杀了。”

在这里，晏子的说服技巧不露痕迹，却又自然而然，实在是高明之举。

每个人都有逆反心理，不会轻易被别人说服。比方说换了你是晏子，在那种情况下，你能成功说服齐景公吗？你将采用什么方法呢？也许这个问题不够明确，不妨再套用一下前面那个问题：晏子凭什么能说服齐景公？

让我们再现一下当时的情景，并且沿着晏子的思路，来寻找答案。

面对暴怒的齐景公，晏子肯定要想：我该怎么劝阻他呢？直言指出他的错误吗？肯定不行，因为齐景公身为一国之主，是个极要面子的人，现在又在气头上，如果我当面顶撞他，肯定达不到劝阻的目的。弄不好，他还会迁怒于我！

于是，晏子迅速取消了这个念头。那么，到底该怎么办呢？首先，当然要浇灭齐景公的怒火。这时候，晏子肯定想到了一句俗语："倔驴一定要顺毛捋。"也就是说，要先顺着齐景公的意愿，不能直接顶撞他。

当然，晏子心里也清楚，表面上顺着他，并不是真的支持他犯错误，而是一种迂回的策略。你不是要杀烛邹吗？好，我就顺着你的意思列举烛邹的罪状，然后见机行事。

就这样，晏子名义上指责烛邹的罪状，实际上却在批评齐景公。声东击西，话外有音，终于使齐景公放弃了杀烛邹的念头。

遇到顽固的人怎么办

在人际交往中，最怕遇到、最难打交道的就是那些顽固的人。这种人自以为是，从来不改变自己固有的观念。当你和他的意见相左、试图劝说他时，他甚至会把你当敌人来看待。要说服这样的人，关键是不要灰心，换一种角度想问题，用执着和真诚去打动对方。

意大利物理学家伽利略年轻时立志从事科学研究，可他的父亲十分反对。伽利略希望得到父亲的支持和帮助，却屡次遭到拒绝。伽利略知道父亲是个相当固执的人，为了说服父亲，他想到一个非常高明的办法。

有一次，他对父亲说："父亲，我想问您一件事，是什么促成了您同母亲的婚事？"

父亲回答说："因为你的母亲十分吸引我。"

伽利略又问："那在此之前，您有没有娶过别的女人？"

"没有，孩子。"父亲说，"家人曾经给我介绍了一位富有的女士，可是我只对你母亲情有独钟。"

伽利略说："您说得一点也没错，您不曾娶过别的女人，因为您爱的是母亲，可是您知道吗？我现在也面临同样的处境！除了科学以外，我不可能选择别的职业，因为我喜爱的正是科学！其他事物对我而言，都毫无用途与吸引力！难道我要去追求财富或是荣誉？科学是我唯一的需要，我对它的爱，就如同对一位美貌女子的倾慕。"

父亲说："像倾慕女子那样？你怎么会这样说呢？"

伽利略说："一点也没错！亲爱的父亲，我已经18岁了！别的学生，哪怕是最穷的学生都会想到自己的婚事。可是，我却从没想过。因为别人都想寻求一位标致的姑娘作为终身伴侣，我却只愿与科学为伴。"

父亲不说话了，只是默默地听。

伽利略继续说："亲爱的父亲，为什么您不能帮助我实现自己的愿望呢？我一定会成为一位杰出的学者，并能获得教授身份。如此，我便能以科学为生，而且比别人生活得更好。"

父亲为难地说："……可是我没有钱供你上学。"

伽利略激动地说："父亲，您听我说，很多穷学生都能领取奖学金，这些钱是公爵宫廷给的，我为什么不能去领一份奖学金呢？您在佛罗伦萨有许多朋友，交情也都不错，他们一定会尽力帮助您的。这样，您就能到宫廷去处理这件事了。"

父亲被说动了："嗯，你说得有理，这是个好主意。"

伽利略抓住父亲的手，开心地说："父亲，求您尽力而为。我向您表示感激之情的唯一方式，就是保证自己成为一个伟大的科学家！"

伽利略凭借执着的毅力和真诚的话语最终说服了父亲，同时也实现了自己的理想，成为世界著名的科学家。

一般说来，对人进行说服、劝导，应当正面说理，严肃认真。但从人的心理角度考虑，那些固执己见的人，往往不容易接受正面直言劝导。如果同他争辩，更易弄得面红耳赤、不欢而散。在这种情况下，应该注意采用迂回进攻的劝说办法。

某公司的待遇很差，职工苦不堪言。公司领导之所以不肯改善职员的待遇，是因为他认为下级职员是庸才、对公司不够忠诚、工作不努力，而且多数人是兼职。

当有人拿其他同性质的公司作对比时，该领导说："他们公司的职员都是正途出身，不像我的下属是杂牌军。"

有一天，该领导的一位高级职员针对公司近来迟到人数逐渐增多这一现象，对领导说："初级职员简直没法到公司办事！"

领导问："道理何在？"

这位高级职员说："坐人力车吧，觉得车费太贵；坐电车呢，又苦于挤不上去，而且每月所出的电车费，也不胜负担，让他们如何能解决这个问题？"

说到这里，高级职员叹了口气，一副毫无办法的样子。可领导仍然固执地说："以步当车，一文不费，而且可以借此运动身体，不是好的办法么？"

高级职员摇了摇头："不行，鞋袜走破了，他们买不起新的。我倒有一个办法，希望领导出一个布告，提倡赤足运动，号召大家赤脚走路上班，这个问题不就解决了么？谁让他们命运太坏，生在这个时候！谁让他们不去想发财的门路，却当苦命的职员！他们坐不起电车、人力车，也不能鞋袜整齐地到公司上班，都是活该！"他一边说、一边笑，说得公司领导也不好意思起来，只好同意改善一下部属的待遇。

在这里，该公司高级职员劝说领导的方法是“嬉笑怒骂”。他用责备下属的语气，尽情表露他们的苦衷，用反面的方式表达正面意思：公司待遇太低。在语气上是嬉笑，实质上是怒骂，是批评。由于比较委婉，不伤对方面子，对方容易听进去，一旦觉悟到自己的过失，就容易接受劝告，改变行为。

可见，顽固的人并非不能说服，而在于劝说他的人是否有足够的耐心和高明的策略。因此，当你要试图说服一个顽固的人时，一定仔细揣摩对方的心理，寻找他的弱点，有针对性地采用相应的说服策略，一定能取到意想不到的效果。

迅速攻占对方的内心

说服的最佳状态，就是在谈话一开始，就迅速攻占对方的内心。因此，在对对方进行说服教育之前，怎样开个好头就显得至关重要。

有这样一位高中女老师，姓赵，已经 55 岁了。她刚接了一个新班，这个班的学生学习很用功，可是对环境卫生不够重视。

一天晚自习前，赵老师洗了脸，擦了点雪花膏，还撒了点香水，就来到了教室。她一进门，一股淡淡的幽香就飘进了教室。

前排的女生马上开始叽叽喳喳的：“赵老师多大年纪啦，还擦得香喷喷的？”

声音虽然不大，可赵老师还是听见了，接过话茬说：“老师我芳龄 55 啦！你们别看我一脸的皱纹，我还挺爱美的！这不，刚刚洗过脸，我还搽点雪花膏，撒了点香水呢。”

话一出口，女学生乐了，男学生也笑了。

赵老师于是趁热打铁，把话题从爱美之心对心理健康的作用，顺势转到环境之美对学习、生活及精神面貌的作用上来，说得学生点头称是。从那时候开始，教室、宿舍乱抛纸、果壳的现象少了，值日生比以前更重视卫生了。

赵老师开了讲话的好头，很快便进入了角色，一下子缩短了师生间的距离，让学生感到老师不但可敬，而且可亲、可爱，从而增强了说服效果。因此，在谈话切入正题之前，构造一种愉快而和谐的氛围，让谈话在活泼的气氛中进行，一般都能够获得“话”半功倍的效果。

还有一个很有趣的故事：

有个男孩想让母亲为他买一条牛仔裤，这个愿望本来很简单，但孩子却害怕被拒绝，因为他已经有了一条牛仔裤。母亲向来节俭，估计不会满足他的要求。

于是，儿子便想了个独特的方式。他没有像别的孩子那样苦苦哀求，或者撒泼耍赖，而是一本正经地对母亲说：“妈妈，你见没见过一个孩子，他只有一条牛仔裤？”

这句颇为天真又略带计谋的话，一下子打动了母亲。就在那一天，儿子得到了一条新的牛仔裤。后来，母亲和别人谈起儿子，总要提起这件事情。她说：“儿子的话让我觉得如果不答应他的请求，简直有点对不起他。我当时想，哪怕自己少花点，也不能委屈了孩子。”

就是这样一个聪明的小男孩，一句话就说服了母亲，实现了自己的愿望。在他说这句话时，唯一的目的就是要打动母亲。事实上他的确做到了，让母亲觉得他的要求是合情合理的，而不是非分要求。

这样的事情在生活中随处可见，只要你肯动动脑子，善于运用语言的力量，要想说服别人并不是困难的事。

就这样被你说服

说服的办法有很多，关键是要对症下药，对不同的人采用不同的策略，对不同的情况，也要分别对待。同时，说服的时机也要把握得恰到好处。

一般来说，对方心情比较好的时候，比较容易接受劝说。反之，如果对方很劳累、不顺心或注意力集中在其他事情上时，他是没有心情来听你说话的。因此，在说服对方之前，一定要注意两点：一是时机是否合适；二是想办法让对方高兴起来。

等待时机难免被动，主动创造时机才是上上之举。你不妨采用“先捧后劝”的方法来试一试。这里的“捧”，是指对人恰到好处、实事求是的称赞，并不包括那种漫无边际、肉麻的吹捧。说点对方乐意听的话，尤其是顺便称赞一下对方，让他高兴起来，这时再进行劝说就容易多了。比如下面这个故事：

刘邦打败了项羽，建立了汉朝，心里自然很骄傲，常常问他的大臣们自己为什么能打败项羽之类的问题。大臣们都非常了解刘邦“胜者为王”的心理，纷纷对他的才能赞叹不已。于是，刘邦逐渐产生了自满情绪，执政的积极性慢慢懈怠下来。

一次，刘邦竟然整天躺在宫中享乐，下令不见任何人，不理朝政。周勃、灌婴等许多跟随他征战多年的元勋也都找不到劝说的办法。

大将樊哙想出了个办法，强行闯进宫中进谏。见到刘邦后，他掷地有声地先对刘邦的过去进行了一番赞美：“想当初，陛下和我们起兵沛县定天下之时，何等英雄？君臣上下团结，同甘共苦，这才打败了项羽，建立了汉朝社稷大业。”

几句话激起了刘邦对自己辉煌历史的自豪之情，然后樊哙话锋一转：“现在天下初定，百废待兴，陛下竟这般精神颓废，大臣们都为陛下生病惶恐不安，陛下却不见大臣，不理朝政，而独与太监亲近，难道就不记得赵高祸国的教训吗？”一席肺腑之言终于震醒了刘邦。以后，刘邦专心朝政，休养生息，汉朝一片兴旺发达景象。

在此例中，樊哙先是称赞了刘邦征战时的辉煌战绩和勤政作风，而后又巧妙批评了当时刘邦的颓废和懈怠，赞扬与劝说相结合，终于达到了说服刘邦勤政的目的。

同时，樊哙还提到了秦朝的太监赵高，这就又利用了历史典故来劝说的技巧。

唐太宗曾说：“以史为鉴，可以明得失。”在说服别人的时候，如果能巧妙运用历史故事，比空谈大道理更能打动人心。

宋太祖赵匡胤在位期间，党项族的酋长李继迁经常率领军队侵扰宋室边疆。

有一次，巡视边防的军队抓获了李继迁的母亲。赵匡胤大喜，心想这下该叫李继迁吃点苦头了，他想杀了李母，给李继迁点颜色看看。

于是，宋太祖命人将李母绑于午门外，定于午时斩首。大臣吕端觉得这样做不妥，便进宫求见太祖，试图劝说他改变主意。

吕端问道：“万岁为什么要杀一位母亲？”

太祖回答：“给那些叛逆的人看看，这是对他们的惩罚。”

“这样做，并不是个好办法。当初项羽打算油烹汉高祖的父亲。汉高祖刘邦告诉项羽：‘油烹了我的父亲，希望也分给我一杯肉汤喝。’所以，凡是有野心，想成就大事的人往往都是不顾念他的亲属，何况像李继迁这样犯上作乱、野心勃勃的人呢？陛下今日杀了他的母亲，明日是否就能捉住李继迁呢？如果捉不到李继迁，白白地结下怨仇，反而越发坚定其叛逆之心。所以，以臣之见，最好将她安置在延州，好好款待她，以此为诱饵来招降李继迁。即使他不投降，也可拴住他的心，他母亲的生死操纵在我们手中，料他不敢轻举妄动。”吕端说得头头是道。

宋太祖听了，连连点头称是，吩咐手下立刻照办。

后来，李继迁的母亲老死在延州，李继迁死后，他的儿子向宋朝称臣。

在此例中，吕端之所以能成功地劝阻宋太祖，关键是他所引用的刘邦与项羽的典故，意在说明杀了李母并不能阻止李继迁叛逆，反而会加深仇恨，因此才打动了宋太祖。

巧妙使用激将法

在说服别人的过程中，如果采用直截了当的办法，往往事与愿违。因为人人都有一种逆反心理，他们会想："我为什么要听你的？我偏不按你说的做！"即使他认为你说的对，但潜意识中仍然不愿意放弃自己的观点。

在这种情况下，巧用激将法则会起到意想不到的作用。你不是固执己见吗？好，我就针对这种心理故意刺激你一下，看你怎么办！

有个女人对音乐很入迷，一心想当歌星，丈夫一再指出她的天赋不足，不可能成为歌星，但妻子似乎很难接受。丈夫为了息事宁人，只好违心地向她表示说以后要多多支持她成才。后来，他们之间的一段对话很有意思。

妻问夫："既然你支持我，为什么我每次唱歌时，你总要跑出去站在家门口呢？"

丈夫答："没有什么，亲爱的，我这样做是为了让邻居知道，我没有打你。"

丈夫的回答实在妙极，他表面上似乎答非所问，实际上是用激将法对妻子进行劝说：你唱的那声音就像惨叫似的！受到这样的奚落，妻子只怕再也不会厚着脸皮继续唱下去了。

激将法是一种高超的技巧，可以正面激将，也可以反面激将。这种办法往往能够使对方感情冲动，从而去做一些他在平常情况下不可能会去做的事。激将法还可以激起人的愤怒感、羞耻感、自尊感、嫉妒感或羡慕感等等。这样，对方在激动之下往往会痛下决心。于是，便造成了这样一种结果：这些事不是你说服他做的，而是他自己要做的。

公元208年，刘备被曹操打败，逃至樊口，势单力孤。为了继续与曹军对抗，必须与盘踞江东的孙权联手。于是，军师诸葛亮自荐过江，劝说吴国出兵抗曹。

然而，孙权此时正按兵不动，观望成败。那么，诸葛亮又是怎样说服他的呢?

见到孙权后，诸葛亮一眼就看穿了他的心思：又想战，又怕打不过；又想和，又怕人耻笑。便对他说："曹操已平定北方，攻破荆州，威震天下。我主刘将军被迫退到夏口，将军量力而行。若能以吴越之众与之抗衡，就应与曹操绝交；如若不能抵挡，就应按兵束甲，早早投降。现在将军表面服众，而内怀犹豫，事急而不决断，大祸即将临头。"

孙权反唇相讥说："照先生所说，刘将军为何不降曹操?"

诸葛亮便故意回答说："古代的田横不过一名壮士，尚且守义不甘受辱，何况刘将军是皇室后代，英才盖世，众士仰慕，如水归大海，怎能屈从曹操?"

孙权被这字字千钧的话激怒了，勃然变色，道："我不能以整个吴国和十万将士屈从曹操而甘受其挟制。我亦决心抗曹!"但又担心地问："刘将军新败之后怎能抵抗曹操?"

此时的孙权年纪尚轻，自尊心强得很。孔明就是利用孙权的这个特点，以言语刺激他的自尊心，使他的意志按照自己所期待的方向转化。不过，孙权虽然口头上说不降，其实内心也很不踏实，又向孔明问道："刘将军新败之后怎能抵抗曹操?"

诸葛亮分析说："刘将军虽新败于长坂。但失散归来的战士和关羽水军，尚有万人。刘琦的战士也不下万人。曹操军远来疲敝，已是强弩之末。再说，北兵不习水战。降曹的荆州战士，是被迫投降，并非心服。孙将军若能派遣猛将，统军数万，与刘将军同心协力，一定能打败曹操。曹军兵败北撤，则荆、吴势力发展，天下鼎足三分的局面就会形成。成败在此一举，取决于将军的抉择。”

孙权听了诸葛亮令人折服的精妙分析，这才坚定了战胜曹操的信心。于是，经过一番努力，诸葛亮终于说服孙权，成功地完成了联吴抗曹的使命。

激将法的妙处就在于，故意拿话挤兑对方，使他无处可逃，不得不立刻表明态度。可见，在说服别人时，如果能摸透对方心理，因时制宜地采用激将法，往往能马到成功。

如何掌握说服的艺术

既然说服的技巧这么多，说服的艺术又是如此丰富多彩，那具体该如何掌握呢？临渊慕鱼，不如退而结网。不能光听别人说得精彩，还应该自己先练起来。训练说服的技能，必须从以理服人、以情感人、以利诱人、察言观色这四个方面入手。

一、以理服人。

要说服别人，当然先要把道理摆出来，做到以理服人。如果你什么道理都没有，便站在那里瞎嚷嚷：“我就是要说服你！”只怕没人会听你的。

以理服人，要做到两点：

1. 讲清道理，说出了一二三来。

说理时，一定要拿出理论依据来，就事论事。同时，还必须有条不紊，哪些先讲，哪些后讲，哪些重点讲、反复讲，都要心中有数。不能东一斧子西一榔头，让别人摸不清头脑。同时，语言应简明扼要，把道理说清、说透就可以了，不要啰嗦，不要画蛇添足。

2. 让事实站出来说话。

事实胜于雄辩，如果能举出大量实例来证明你的道理，别人就很难反驳。这些例子越现实越好，最好是发生在我们周围的真人真事。

二、以情感人。

光说理还不够，因为对方认不认你这个理、信不信得过，还要有一个过程，还要有其他方面的作用。这个其他方面，就是指感情。说服的语言应该是充满情感的语言，不能总是冷冰冰的。感情是交流的基础，没有这个基础，别人绝不会接受你的观点。

三、采用风趣的语言。

幽默而风趣的话，能够增强语言的感染力，常常能给人以轻松、随和与愉悦的感觉，尤其是那些同普遍的人性相关的话，更容易起到同对方达成心灵的默契。

一位女歌手非常崇拜音乐家柏辽兹，多次请他签名都遭到拒绝。最后，她只好写了一封信给音乐家，说："如果我能得到您的签名，那么，我一定请您吃最好的馅饼，并且让您吻个痛快！"这番近乎调侃的话，果然打动了柏辽兹，他立即回信道："只把饼寄来吧，其他大可不必了。"

细想起来，女歌手的话，近乎玩笑，为什么得到对方热忱的回应呢？显然同她那诙谐而平易的言语方式有关，尤其是个中蕴含的随和、机趣之类因素，无形中加强了语言的亲和力和感染力，自然也就更能博得对方好感，引起心灵共振了。

求人办事的说服技巧

生活常遇难处，有求于人的地方肯定少不了：或求人办事，或求人给自己提供方便、机会，或具体的东西等等。其实，开口求人本身并不难，只需要一点勇气就行了。但能把话说得婉转动听，让人愿意乃至心甘情愿为你办事，这就需要一定的技巧了。

我们不难发现，同样的请求内容，不同的人、用不同的方法和语言表达出来，得到的结果常常是不一样的。那么，怎样求人才容易成功呢？

既然是有求于人，就必须讲究说话的技巧。

首先，语气要柔和、诚恳，即使是亲友、熟人也不能口气太硬。如你要买一套房子，你手头又没有足够的钱，只能向别人借，这时你可以说："不知您手头宽绰不宽绰？下月开支我就还您。"用这种商量的口气，只要人家手里有钱，是不会不帮忙的。

反之，有些人根本不注意这一点，向人借钱时张口就说："谁不知你存了上百万，借我十万还不是张飞吃豆芽——小菜一碟儿！"这样的话，平日里与熟人开玩笑说说还不要紧，真正借钱时可千万说不得。否则，人家肯定会寻思："真是，我又不是开银行的……"

可见，求人办事一定要语气委婉，使对方感到你的真诚而且很尊重他，他才肯帮你。

其次，求人还要讲究攻心策略。

在拥挤的火车上，一位老态龙钟的老太太，带着一个四五岁的孩子站了良久，也没人让座。孩子指着坐在旁边的一个姑娘对老太太说："奶奶，我累了，你跟这位阿姨说说，让我坐一会儿吧。"老太太轻声地对孩子说："奶奶知道你是一个非常懂事的好孩子，阿姨不是不给你让座，因为她也很辛苦，也很累，等阿姨休息好了会给你让座的。"

一番话说得姑娘再也坐不住了，站起来说："小朋友，你来坐吧，阿姨不累。"

姑娘对带小孩的老太太视而不见，这本身就该受到大家的批评，老太太抓住了这一点，不但不同意孩子向姑娘提出请求，反而设身处地为姑娘着想，还给其强加了一个善良的动机，使她有台阶可下。这样一来，姑娘没法不产生羞愧心理，再加上车厢内其他顾客给她带来的舆论压力，迫使她不得不主动站起来为孩子让座。

最后，学会恰如其分的恭维。

有个大学讲师找到一位姓李的文化名人，请他为自己的一本即将出版的书题写书名。得知来访者的意思后，这位一贯以幽默著称的名人笑着说："是题字啊，可以，不过，现在讲究经济效益，请我题字，是不是该付点钱啊？便宜一点儿吧，300 块一个字，怎么样？"

这虽然是在开玩笑，但年轻的讲师也听出了这位名人似乎对常有人打他手迹的主意稍有抱怨之意。于是，他说："李先生，您这话可是只说对了一半哟。要得到您的墨宝，理当付钱。可是，您的字何止值300块钱一个呢？比如说，我想要一件值 300 块钱的衣服，这家商店买不着，还可以到别的商店去买呀，可您的墨宝只能出自您自己的手，天底下别无他处可寻呐！在我看来，您的每个字都是无价之宝啊，我付多少报酬也不够啊。"

几句话说得这位早已听惯了恭维之辞的名人，竟也觉得"别有一番滋味在心头"，遂欣然命笔。

没有人不喜欢恭维之辞，如果在求人办事时巧妙运用你那如花的妙口，多说些新颖别致、别人又爱听的话，你的成功率将会大大提升。

总之，求人语言要做到诚恳、礼貌，不强加于人，有时还需要进行恭维。

从九个方面打动人心

求人当有技巧，并不是说你装出一副可怜相、说些好话，或者上门送上礼物别人就肯帮你。不讲技巧，冒冒失失地去托人办事，十有八九是要铩羽而归的。

一般来说，求人的技巧有以下几点：

一、首先要有诚意。

你上门求人办事，却不把事情说明白，处处藏着掖着、搞得神神秘秘，别人怎么帮你？而且这样做，容易使人产生你不信任他的感觉。于是，人家心里肯定认为："你既然都不信任我，还来找我干什么？真是岂有此理！"

因此，求人办事一定要真诚。首先向人家说明究竟要办什么事，为什么要找他。这样，精诚所至，金石为开，别人一般是不会回绝你的。

二、用感情打动对方。

人与人之间是讲感情的，人不是冷血动物。因此，只要你能从感情上打动对方，再求他办事往往会一帆风顺。一旦人家被你感动了，自然也会真心实意地去帮你。你可以把对人的请求融入动情的叙述中，或申述自己的处境，以表示求助于人是不得已之举；或充分阐明自己所请求之事并非与被请求者无关，以使对方不忍无动于衷、袖手旁观。

三、互惠互利好办事。

俗话说无利不起早，求人办事最好给人以一定的好处。

求人办事时，千万别忘了"互惠互利"这一原则。你可以当场许诺，事成之后给对方以某种回报，或将牢记对方所提供的好处，即使不能马上回报对方，也一定会在对方用得着自己的时候鼎力相助。配以"互利"的承诺，让对方觉得他的付出值得，同时也会对求助者多一份好感。

四、注意攀附关系。

坦白说，现在的社会是一种关系的社会。没有关系，求人时想送礼都找不到门路。作为上级居高临下，下边常有溜须拍马、曲意逢迎的人时刻寻找巴结上级的机会，因而与上级攀附关系也算是一种畸形的竞争。而你要想胜出，就必须适应这种竞争。

所以，只要在攀附关系上下了功夫，就一定能在上级那里收获一些感情，凭借这种攀附出来的感情把自己的事情办成，也确乎不失为一种追求成功的方法。

五、让对方成为"主角"。

人们最感兴趣的就是谈论自己的事情，对于那些与自己毫无相关的事情，多数人会觉得索然无味。因此，在求人办事的时候，应努力让对方感到交际的主角是他。

竭力忘记你自己，不要老是嚷嚷，谈你个人的事情，你的孩子、你的生活，以及其他的事情。还有一样最不好的，就是在别人面前夸耀自己，在一切不利于自己的行为中，再也没有比张扬自己更愚笨了。这些，别人都不会感兴趣。你要尽量去引导对方说他自己的事情，这是使对方高兴的最好方法。你以充满了同情和热忱的心去听他叙述，你一定会给对方留下最佳的印象，并且他会热情欢迎你，热情接待你。

不要忘了，你是在求别人；不要忘了，留意对方的反应，尽力使对方心情舒畅。在人际交往中，要让对方扮演主角就得准备多个“剧本”，因为不知交往会在何处受挫，所以就必须把能预测到的对方谈话内容写进“剧本”，然后自己根据“剧本”演好配角。要做到使对方成为主角，调查收集与此相关的信息就显得非常重要。

如果能够做到这一些，对方就会感到与你交往心情舒畅，因而对你产生好感。他对你接下来的请求，自然也就乐意应允了。

六、多为对方着想。

有的人在求人相助时，显得很“自私”，因为他只为自己着想，从没考虑到对方的难处和困难。这些人往往会提出一些对方难以接受的请求，当然遭到拒绝。因此，求助者应恰如其分地提出要求。要做好这一点，就必须从以下几方面努力。

1. 为避免给人出难题，应先以各种试探性的语言、商讨式的口气，探明对方是否愿意真心帮助。如说：“今天我有这样一个问题请教，不知会不会影响您的工作？”倘若对方说出种种推脱之词或以其他方式暗示难办，求助者就应收住原有话题，改说别的事情。

2. 在对方能办得到的情况下相求。求助者在求人前，不仅要选择好求助对象，而且在求助时，也要根据被求助者的各种主、客观条件，提出其能够解决的难题。

七、礼貌地对待对方的拒绝。

就算别人拒绝了你的求助，也要微笑着表示感谢，这是应有的礼貌。有的人被拒绝后，立刻换了张面孔，用冷言冷语或粗言脏语伤害对方，这是非常失礼的。

正确的做法是，用体谅对方苦衷的言辞、自责冒昧的语句和感谢对方的接待等话语，来表达自己的谢意和不使对方为难的心境。你可以说："没关系的，我理解你的难处……"或者"虽然你帮不上忙，不过我仍然很感谢你……"等等。这样一来，别人就算不能帮你，也可能给予"穿针引线""铺路搭桥"，给你介绍一个能帮助你的人。

八、要注意感情投资。

请求别人帮助解决困难，这是朋友之间正常的事，但不能"有事找上门，无事不登门"，更不能当朋友有难处时，自己不闻不问。

总之，求人办事的技巧还有很多，但最重要的还是实际运用。也就是说，要把这些技巧融入到你的语言里去，只有这样，这些技巧才能真正发挥作用。

求助亲朋的要点

在生活中，如遇见难以克服的困难，常常求助于亲朋好友。然而，求助的结果却往往出现迥然不同的情况：有的人用词得当，说得被求助者心情愉快，并真心实意地给予帮助；而有的人由于谈吐不当，弄得被求助者心紧气恼，而使求助者不仅得不到帮助，而且有时还伤了和气。可见要想求得朋友的帮助，也是有学问的。

又比如，你有求于人，那人也知道你的意图。即使如此，两人见面时，你也万万不可直截了当地把你的要求提出来，而要站在对方的立场上，多说一些困难："这个忙不太好帮……如果困难太大，也就算了。"这样一来，对方就会不太注意你求助的迫切心情，反而觉得这件事如果不帮忙，显得自己无能或害怕困难。以善意的技巧促使对方答应帮忙，注意以下几点：

一、实事求是说明相求事宜。求助者要想在求助中有所收获，就应以信任的态度，真实地把相求事宜告诉对方，让对方掌握第一手材料，为给求助者以帮助创造必要的前提条件和感情基础。要做好这一点，关键在于把握好以下三个环节。

1. 要讲真话，不说谎话。因为说谎话会使被求助者听后难辨真假，帮助也无从下手。如果求助者能将事实真相全盘托出，被求助者的信任感和热情就会油然而生，进而不仅能接受请求，甚至会全力相助。

2. 要讲实话，不讲大话。生活中常常见到有的人明明是主动找上门来求人，但为了顾全自己的脸面和维护个人的声誉，在介绍情况时，故意把大事化小、难题化易。有的还加上几句“像这样的问题我本来是完全可以解决的，只是由于种种客观原因，所以只好求你帮忙”之类的冠冕堂皇的话，这样求人帮助是没有好结果的。应如实讲明目前所处的困难和自己无力解决的实际情况，恳切地提出要帮助的请求。

二、共同商讨。对一时难以调和的矛盾，应多提几个方案共商，直到双方的需要得到某种程度的满足。遇见冲突时，要找出原因，找出差异点和矛盾，进一步了解彼此的立场，才有可能打破僵局。

三、尊重对方。为了对方，也为了自己，在任何场合不要当众羞辱对方。即便你是正确的，也要避免情绪对立，保持好良好风度。在谈判中，不要随意评判对方的行为和动机，因为人世间的情形错综复杂，你的评判未必中肯，而失误的判断最易破坏谈判气氛。

四、适当让步。当谈判某些问题难以一时解决时，你应客观分析，权衡利弊，适当做些让步，而当事态有所进展时，再重新提出原则性意见，这是挺进的策略。

第七天

推销：婉转有力的营销口才

推销是说话技巧的高级应用，各种各样的语言技巧在这里得到了淋漓尽致的发挥。实际上，推销并不只是业务员的工作，我们很多人也都在推销。我们向老板推销自己的才能，不停地向别人推销着自己的想法、试图让别人认可你……但不可否认的是，没有人比那些专业的推销员更懂得这一说话技巧了。这一章将告诉你，他们是怎么干的。

推销员的说话艺术

推销是一门综合性的艺术，它需要我们使出浑身的解数，也就是需要我们集中自己所有的优点，去打动对方，令对方满意，进而销出自己的商品。

实际上，我们每天都在推销，只不过自己不曾注意罢了。婴儿的第一声啼哭，即是向世界推销自己。当我们找工作时，也是在向老板推销自己。

做一个成功的推销员并非是太困难的事，现在来告诉你一些小技巧：

一、首先要注意你的声音。

你对商品的介绍，你的魅力，皆始于声音。用适度的声音介绍商品，让人觉得亲切随和，不感到压抑，至少不会引起别人反感。

二、正确使用推销用语。

在与顾客谈话时，掌握好音调和节奏是十分重要的。我们应通过婉转柔和的语调，创造一种和谐的气氛和很好的语言环境。

三、要少用否定句，多用肯定句。

否定句往往带有拒绝的意味，因此不能乱使用。例如：顾客问："这种衣服还有红色的吗？"推销员回答："没有。"这就是否定句，顾客听了这话，一定会说："那就不买了。"于是转身离去。而多用肯定句，效果就大不一样了。

如果上例中，推销员换个方式回答，顾客可能就会有不同的反应。比如推销员回答："真抱歉，红色的进货少，已经卖完了，不过，我觉得蓝色和白色和您的气质更相称，您可以试一试。"这种肯定的回答会使顾客对其他商品产生兴趣。

四、采用先贬后褒法。

推销员在介绍商品时，要实事求是，但对商品的优缺点介绍却应有所侧重。请比较以下两句话：

1. 价钱虽然稍高一点，但质量很好。

2. 质量虽然很好，但价钱稍微高了一点。

这两句话除了顺序颠倒以外，字数、语调没有丝毫变化，却让人产生截然不同的感觉。先看第一句，重点放在“价钱”高上，因此，顾客可能会产生两种感觉：其一，这商品比较贵，所以质量一定很好；其二，这位推销员可能小看我，觉得我买不起这么贵的东西。接下来再分析第二句话，它的重点放在“质量好”上，所以顾客就会觉得，这商品尽管质量很好，但也不值那么多。因此．在向顾客推介商品时，应该采用第一种说法，先提商品的缺点，然后再详细介绍商品的优点，也就是先贬后褒，此方法效果非常好。

五、多用“是、但是”法。

推销员在回答顾客异议时，这是一个广泛应用的方法，它非常简单，也非常有效。具体来说就是：一方面推销员表示同意顾客的意见；另一方面又解释了顾客产生异议的原因及顾客看法的片面性。例如，一家植物商店里，一位顾客正在打量着一株非洲紫罗兰。

顾客：“我一直想买一棵非洲紫罗兰，但听说开花很难，我的一位朋友家的就从没开过。”

推销员：“是的，您说得对，很多人的紫罗兰开不了花。但是，如果您按照规定要求去做，它肯定会开的。这个说明书将告诉您怎样照管紫罗兰，请按照上面的要求精心管理，如果仍不开，可以退回商店。”

你看，这位推销员用一个“是”对顾客的话表示赞同，用一个“但是”

解释了紫罗兰不开花的原因。这种方法可以让顾客心情愉快地改变对商品的误解。

有时，顾客可能提出商品某个方面的缺点，推销员则可以强调商品的突出优点，以弱化顾客提出的缺点。当顾客提出的异义基于事实依据时，可采用此方法，例如：

推销员："这种沙发表面是用漂亮的纤维织成的，但坐在上面感觉很柔软。"

顾客："是很柔软，但很容易脏。"

推销员："您说的是几年前的情况了，现在的纤维织物都经过了防污处理，而且具有防潮性，假如沙发弄脏了，污垢是很容易除去的。"

六、常用引导法。

对于欲购买商品的顾客，推销员有时可以通过向顾客提问题的方法引导顾客，让顾客自我排除疑虑，自己找出答案。例如：一位顾客进入商店看鼓风机：

顾客："我想买一台便宜点的鼓风机。"

推销员："便宜的鼓风机一般都是小型的，您想要小一点的吗？"

顾客："我想，大概折价店里的会便宜一点。"

推销员："可是那里的鼓风机质量和我们的比较起来怎么样？"

顾客："哦，他们的鼓风机……"

通过提问，推销员让顾客对各种型号的商品都熟悉，以帮助顾客进行客观的比较。

七、巧用展示流行法。

这种方法就是推销员通过揭示当今商品流行趋势，劝导顾客改变自己的观点，从而接受推销员的推荐。这种方法一般适用于对年轻顾客的说服。

例如，一位父亲想给年轻的儿子买辆赛车，他们来到一家车行。

儿子想要一辆黑色的赛车，但已脱销，推销员劝他买别的颜色，但是那位年轻人固执己见，非要一辆黑色的不可。这时，经理过来说："您看看大街上跑的车，几乎全是红色的。"一句话，使这位青年改变了主意，欣然买下一辆红色的赛车。

八、直接否定法。

当顾客的异议来自不真实的信息或误解时，可以使用直接否定法。例如，一位顾客正在观看一把塑料柄的锯子。

顾客："为什么这把锯子的把柄用塑料而不用金属的呢？看起来是为了降低成本。"

推销员："我明白您的意思，但是改用塑料把柄绝不是为了降低成本。您看，这种塑料很坚硬，和金属一样安全可靠。很多人都喜欢这种样式，因为它既轻便，又很便宜。"

此处由于直接否定法直接驳斥顾客的意见，所以推销员只有在必要时才能使用。而且，采用此法说服顾客时，一定注意语气要柔和、婉转，要让顾客觉得你是为了帮助他才反驳他，而不是有意要和他辩论。

九、用途示范成交法。

亲自将商品的用途进行演示，会使顾客获得一种安全的感觉，增强他们对商品的信任感。

一位顾客想买车，推销员对他说："这种型号的车，采用了德国进口的发动机、高级弹簧和合金材料，并且大部分零件也是大众公司提供的。起动快、耗油量少，并且最为得意之处就是开起来特别舒服。"然后，你让顾客坐进车内，让他自己去试开一下，接着说："价格很便宜，可以说，同一类型的轿车中没有这么便宜的。怎么样？"

这时，顾客一方面被你说得早已心动；另一方面又亲自体会了这辆车的特点，也就不会再犹豫地与你签下订购单。

怎样练出推销的铁嘴

在推销员看来，好口才绝对是他们吃饭的本钱。因此，怎样训练推销口才，对他们是十分重要的。但要练出一张铁嘴，并没有那么简单。

一、推销员的说话原则。

关于推销时该怎样说话，业内人士指出如下一些原则：

1. 说话的速度快慢适宜。

以每分钟120字为宜，扬弃滔滔畅言的习性；尽量回避单刀直入的商谈；以质疑方式探寻想知道的内容；设法帮助顾客解决其困扰。

2. 要直陈主题，有理有据。

推销不是闲聊，你一定不能太啰嗦。你的话最好言简意赅、有理有据，你可以带着产品样本、说明书做自己的证明物；谈话要紧扣主题，表达完自己的意思后即听对方的意见，以防言多有失；一般不急于表白自己内心的目的；了解对方的大致情况，最好交谈时常提及一些，使别人感到亲切。

3．不要打断客户的话。

当客户有话要说时，你需要做的只是倾听，千万不要打断他（她）。只有在客户征求你看法时再发表意见，这样做会给客户留下良好的印象，进而有助于你的成功。

二、给客户留下良好的第一印象。

有人统计，初次见面如果能给人以良好印象，那么接下来的推销过程往往非常顺利，否则就会困难重重。既然第一印象这么重要，那么具体该怎么做呢？

1. 首先了解你的客户。

如果你在拜访客户之前，能对他下一番功夫进行了解，你们的会面一定会非常愉快。你可以针对客户的情况，谈论他们感兴趣的话题，这对你的推销也是有好处的。

2. 准确记住客户的名字，而且要不止一次地使用。要是你没有把握的话，那就先问问清楚。记住客户的名字，会让他们感觉很受重视。

3. 谈话过程中，要时刻注意对方的眼神和表情。

眼睛是心灵的窗口，被访者对推销员的心理反应都能从那里看到，冷淡、反感、或者部分认可、或者很感兴趣、或者心不在焉、或者准备做出什么决定等等。优秀的推销员能从这些眼神变化中发现自己所谈的话题是否正确，是否需要及时调整。

原一平是日本的推销大师，有一次，他去拜访一位准客户，两人已经有些熟悉了。据原一平所知，这位客户手上拥有相当量的股票，一直非常关心股市的行情。于是他从近期股市变化引入话题，但一开始便发现犯了错误，对方很漠然，完全没有那种兴奋得闪闪发光的眼神。原一平知道情况一定发生了变化，赶紧打住，巧妙地调转话题。事后才知道，那位准客户已经卖掉了手中的全部股票，转入做房地产生意了。

4. 谈话时间不要太长。

不要以为与准客户的谈话时间越长越好，如果在谈话开始不久，便从对方的眼神中已发现话不投机，或者来的不是时候，那么与其让别人说出“我很忙，请改日再来”，不如自己主动告退。一则显得很有风度，二则也能使对方稍感歉意。那种勉强让对方接受的拜访和谈话，是绝对不可取的。

三、最失败的推销语言。

在推销过程中，有些话最好不要说，说了，不但不能促进销售，还会使你的推销前功尽弃。那么，这些失败的推销语言有哪些呢？

1. 一见到客户就滔滔不绝介绍你的产品，一副急于出售的样子，这最要不得。

2. 对方一问底价，就以为即将成交，甚至自动给予折扣，降价后，还征询对方是否满意，实在是笨到极点。

3. 客户说“不错”就以为买卖将成交，而乐不可支，以致言谈松懈、戒心解除，败之始也！

4. 没详加明察细考，就认定对方必然会买，真是一厢情愿！这种自以为是、自我陶醉的心态，是基层业务员最常犯的错误。

5. 客户问什么，才答什么。这种由客户操控的一问一答、最容易使自己陷于被动的劣势。推销应该积极，而且采取主动，最高明的业务员主导买卖游戏规则。

6. 拼命夸大产品优点，对缺点反倒避而不谈。这种不顾实际、夸夸其谈的做法，会让客户的购买意识立刻降到最低点。天下没有十全十美的商品，你不妨直说：“这房子还有个小小的缺点，我必须告诉你，这也是价格所以降低的原因。”能以诚相待，自动点破轻微的小瑕疵，反而能取得买方的信赖。

7. 切忌对客户的看法毫不理会，甚至一概否决。应该设法婉转破解，你可以不同意，但绝不可以忽视客户的观点。

8. 千万不要怠慢初次造访的客户。客户初次光临，你就认定他不可能做决定，甚至心存轻视，就是赶潜在的财神爷出门。其实，购买与否，因人而异，各人想法不同，行事准则各异。有人即使是第一次来，也会购买；有人来了十几次，你说破了嘴，他还是不满意。所以买不买决定于业务员的行销技巧，和客户第几次来没多大关系。

9. 切忌胡乱下承诺。

乱下承诺，却又不能兑现，会让客户感觉受了愚弄。比如：有的推销员向客户承诺说，已付的订金可以退还。开玩笑！订金都付了，岂能退还？订金可以退还，还做什么生意？

10. 未获得明确答复，就让客户离去。

客户离去前，至少要问一问，以明白对方的动态。从对方的回答，你才清楚自己的下一步该如何应对。业绩不会自己跑来，坐以待“币”就是坐以待“毙”。主控权应该操在自己手里。客户离开之前，多问一句，可以牢牢掌握主动权。

总之，推销的语言技巧是没有穷尽的，可以无止境地学习下去，不同的人也会有不同的收获体会。不断地揣摩，不断地加以运用，又不断地进行总结，以期达到把握完善的语言艺术，这是推销员终生都不能放弃的必修课。

推销贵在随机应变

推销员在推销商品的过程中，可能会遇到各种意想不到的情况，这时候一定要具备随机应变的能力。这里的随机应变是一种语言技巧，下面介绍三种：

一、顺水推舟，以变应变。

因为现在出现的情况，并不在原定计划之内，这时切莫囿于原有的方案，不妨针对这种情况采取相应的对策、以变应变。你可以顺水推舟，以语言为诱导，让顾客的思路顺应你的应变方案，从而达到推销的目的。

有一个推销员当着一大群顾客推销一种钢化玻璃酒杯。他先是向顾客进行商品介绍，接着开始示范表演——就是把一只钢化酒杯扔在地上而不碎，以此来说明杯子的经久耐用。可是他碰巧拿了一只质量没过关的杯子，猛地一扔，酒杯“砰”地一下碎了！

这样的异常情况在他的推销生涯中未碰见过，真是出乎意料之外，他自己也感到吃惊。而顾客更是目瞪口呆，因为他们信服他的说明，只不过是想再验证一下。

面对如此尴尬的局面，推销员急中生智。他压住内心的惊慌，反而对顾客笑笑，用沉着而富于幽默的语气说：“你们看，像这样的杯子我是不会卖给你们的。”

大家一听，都轻松地笑起来，场内的气氛变得活跃多了，推销员乘机又扔了五六个杯子，都取得了成功，一下子博得了顾客的信任，销出了几十打酒杯。

酒杯砸碎完全打破了原来的方案，在这种情况下只要稍有迟疑，顾客就会拂袖而去。机智的推销员来了个顺水推舟，把失误变成了推销中的一个环节，只用一句话就消除了顾客的迟疑，又显得幽默、风趣。顾客以为这都是事先想好的，砸碎杯子只是“卖关子”，吊吊大家的胃口。

二、变换一下角色。

人生活在社会中，根据时间和空间的不同，分别扮演着一定的角色。从推销行业看，推销员和顾客是既定角色，但在突遇异常情况下，推销员不可墨守成规，而是可以灵活机动地利用语言来变换角色，也可能取得成效。

这一天，一个推销员向杂货店老板推销洗衣粉。老板是一位老大爷，生性孤僻、顽固保守。推销员想好了一大堆话，正要开口，这位老大爷便断喝一声："你来干什么？"犹如平地打了个焦雷。

推销员一怔，随即变换了说话内容："大爷，你猜我今天是来干什么的？"

老大爷不客气地回敬说："你不说我也知道，还不是向我推销你们那些破玩意儿。"

推销员一听，哈哈大笑："你老人家聪明一世、糊涂一时。我今天可不是向你推销的。而是求你老人家向我推销的。"

老大爷一听愣住了："你要我向你推销什么？"

推销员回答："我听说你是这一地区最会做生意的，洗衣粉的销售量很大，我今天是来讨教一下你老人家的推销方法的。"

老大爷活了一辈子，从没有人登门求教的，心中很是高兴，于是便兴致勃勃地向推销员大谈其生意经，直到推销员起身告辞才住口。刚走到门口，老大爷忽然想起什么大声说："喂。请等一等，听说你们公司的洗衣粉很受欢迎，给我订30箱。"

这位推销员一见情况有变，马上出其不意地用话语变换既定角色，巧妙地和老大爷变换了角色，极大地满足了老大爷自尊的心理需求，赢得了顾客的好感，从而推销了商品。如果这位推销员不是采用语言变换角色，一开口就向老大爷兜售洗衣粉，恐怕早就被轰出门外去了。

三、巧换话题。

一般来说，在一定的情境下，话题都有其相对固定的内涵。但有时却显得比较模糊，推销员在突遇顾客拒绝或反驳时，可以利用某些话题的模糊性，把不利于自己的话题转换成有利的话题，也可以化险为夷。

一个客户说："我希望拥有一个风景优美的住处，有山有水。而这里好像不具备这种条件。"

那么，你可马上接着他的话说："假如我推荐另外一处山清水秀的地方，并且以相同的价格提供给您，您买不买？"

这是一种将话就话的方式，这种谈话模式对推销有很大好处。就上面一段话，顾客是否真的想拥有一个山清水秀的地方姑且不管，你抓住他所说的话而大做文章，给他提供一个符合他条件的地方，这时，他事先说过的话就不好反悔了，否则就会感到十分难堪。

使用这种方法要注意两点：一是转换的话题要能引起对方的兴趣；二是转换的话题与原话题有一定的关联，否则风马牛不相及，反而会弄巧成拙。例如有位售货员向顾客推销一批服装，她正在向大家作介绍时，一位顾客说道："样式不错，老点。"售货员接过话头说："您说得对，我店设计的服装样式好，又是老店，质量保证，价格公道……"这位售货员以"老店"换"老点"，巧则巧矣，可顾客却悻悻离去了。

成功推销五步走

一个经验丰富的推销员，必然深知推销的五个基本步骤，这就是了解顾客、接待顾客、出示样品、克服异议和完成推销。比如下面的例子：

一位靓丽的"摩登女郎"在一个首饰店的柜台前看了很久。

售货员问了一句："小姐，您需要买点什么？"

"随便看看。"女郎的回答明显缺乏足够的热情，可她仍然在仔细观看柜台里的陈列品。此时售货员如果不能进一步了解顾客，可能会使到手的生意溜走。

这时，细心的售货员忽然间发现了女郎的上衣别具特色："您这件上衣好漂亮呀！"

"啊！"女郎的视线从陈列品上移开了。

"这种上衣的款式很少见，是在隔壁的百货大楼买的吗？"售货员满脸热情，笑呵呵地继续问道。

"当然不是！这是从国外买来的。"女郎终于开口了，并对自己的回答颇为得意。

"原来是这样，我说在国内从来没有看到这样的上衣呢。说真的，你穿这件上衣，确实很吸引人。"

"您过奖了。"女郎有些不好意思了。

"只是……对了，可能您已经想到了这一点，要是再配一条合适的项链，效果可能就更好了。"聪明的售货员终于顺势转向了主题。

"是呀，我也这么想，只是项链这种昂贵商品，怕自己选得不合适……"

"没关系，来，我来帮您参谋一下，您看这一条怎么样，美观大方，而且价格也合适……"

这次推销无疑是很成功的，下面我们分别介绍一下推销的五个步骤。

一、"了解顾客"。

这是指推销员能否通过分析观察、准确地判断顾客的购买力，对那些可能是买主的人抓住不放，并记录下暂时不大可能成为买主的人，以利于今后的营业。

在上例中，售货员通过细心的观察、认为摩登女郎购买一条项链的可能性很大。于是便紧紧抓住这一点，通过赞美她的衣服作为切入点，一步步引导她进行消费。

二、"接待顾客"。

要热情、愉快地接待每一位顾客，不管他是新主顾还是老主顾。在和顾客打招呼时，要力求做到热情妥帖，同时还要表达准确。比如称呼语，根据年龄与性别的不同分别称“先生”“同志”“大叔”“大伯”“大爷”或“小姐”“大姐”“大婶”“大娘”等；对外国人则一般把男子通称“先生”，把女子通称“小姐”“太太”。

三、“出示样品”。

也就是向顾客展示你要销售的商品。介绍商品时，一定要表述清楚、言辞简单明了。同时，还要使用适合对方的语言——如果他是内行就用术语，他是外行就需要你用通俗的语言。此外，在说明之前可以先做示范，使说明更加准确、清楚。

做示范时，可以让商品自己说话，或让顾客亲手试试。你只需指出最明确的特点：“美观大方，25 元 1 台”“最畅销的，18 元”。

在出示样品时，需要注意两点：一是不要贬低竞争者。顾客或许认为别人的商品好，而你的仅仅是价格便宜或服务周到罢了；二是要对自己的商品持客观态度，“我们所有的商品质量都是一流的”这种说法会使人觉得你在吹牛。

总之，在介绍商品时，摇尾乞怜的倾销言行固然是可鄙的，而自我吹嘘的介绍也常常会使企业的声誉扫地，失去更多的顾客与利益。

四、“克服异议”。

即顾客随时都可能提出异议，可作如下处理：

如果异议很尖锐，你就说：“是这样。但是……”先肯定，后转折。同意顾客的观点，甚至赞赏他的眼力：“这个问题提得好！”“很高兴您提出这一点。”接下来再委婉地说明，他提到的缺点怎样被优点抵消了，虽然价格高，但产品质量好、寿命长、高保险、易操作。

如果对小问题异议很大，可承认这一点，采取适当措施，或提供特别服务，价格让步等。

如果异议难以克服，不要跟顾客争吵，最好马上转向其他商品。

如果异议很小，暂且不去管它，因为这可能是顾客随意说的，待他再次提起时再去处理。

仅在顾客明显误解的情况下否定异议："我们考虑过这个问题。但近来的研究表明……"不要对异议谈得过多，这样反而会把事态扩大。

记住：克服异议的最根本的方法，是对它有所预料。

五、"完成推销"。

是指这时顾客只差一点决心就要购买了，推销员如何给予他这最后的决心呢?

你可以让他进行一步小的选择："要蓝色还要灰色？""这件还是那件？"

暗示商品已经卖出："下周取货好吗？"同时把订货单递过去。如他对商品确有兴趣，就会添上一些栏目，推销也就成功了。

进行试探："如果您买了的话……""让我们把货送到您家？并且……"这些试探或许会有助于推销。

如果条件许可，又确实是这样，那么可表明现在买的好处："这个月要涨价""这种型号的只有一件了"。但要注意，说得不妥当很容易失去顾客。

即使这次推销不成功，也要为下一次做铺垫："我三个月后再来。"

如何与顾客打招呼

推销员在拜访客户时，能否热情、妥帖地打招呼，能否给客户留下良好的第一印象，这对推销的成与败起着至关重要的作用。

与顾客打招呼，看起来简单，却也是一门艺术。招呼打得好，就会成为推销的"先锋官"，它对创造买卖双方互相尊重、和谐友好的贸易气氛，树立企业和推销员的良好形象，满足顾客的心理需求，有着“搭桥”“开路”的重要作用，是推销员销给顾客的一份得体的“见面礼”。要使与顾客打招呼更加自然、得体和有效，必须掌握其中的要领。

与客户打招呼时，要力求做到热情妥帖，具体表现为以下四点：

一、要准确、得体。

当我们见到客户，开头的问话一定要准确妥帖、自然得体。比方说，有的推销员见到顾客后劈头就问“你要干什么”“你要什么”“你要买什么”，这三句问语都不好。

先说“你要干什么”。这么问显得唐突、粗鲁而又无理，令顾客莫名其妙而恼火。他们会想：“我到商店来，自然是想买东西，还能干什么？你问我‘要干什么’是什么意思？”双方关系马上恶化。

同时，“你要什么”一问也容易引起误解。顾客同样会反感：“我来买东西是准备付钱的，你问我‘要什么’，难道还怀疑我是要乞讨、白拿不成？”买者觉得受了污辱，即使推销员再三解释、道歉，也难以挽回影响。

“你要买什么？”这么问虽然不能说错，但也不太合适。因为很多顾客来到商店，一开始并没有什么明确的目标。你这样一问，就容易使对方感到是在催逼他尽快选购成交。这对顾客来说是不够得体、友好和耐心的。

因此，比较得体的问法应是以服务员的口吻提出：“您好，您要看点什么？”或“您好，您需要我帮忙吗？”这句话等于说：“不管您想看哪些商品，我都乐意帮忙。您尽管看，充分选择好了。”这就使顾客感到倍受尊重，而不是在催促自己买东西。这种感受常常会促使顾客对买卖有信心，从而早下决心达成这笔交易。

二、要因地制宜。

在一个门庭若市、顾客如云的商场，推销员要对每一个进门或走到柜台前的顾客都“一视同仁”热情地打招呼，这是不可能的，也是不必要的。确定对顾客是否打招呼，首先要观察分析顾客购买心理与行为的类型，做到区别对待、因情制宜。

第一类顾客有明确的购买目标。他们往往一进门就直言询问某类商品。对待这一类型的顾客，推销者应立即主动上前打招呼：“您好，请问需要些什么？”或说：“您好，请问需要我帮忙吗？”这种招呼热情、友好而明快、急对方所急，适应了顾客急于找到购买目标的心理需求。

第二类顾客有购买欲望但还没有明确目标。他们进门后往往先走马观花，看看再说。

对这类顾客，只要他们没有停下脚步，推销员就不必迫不及待地迎上去打招呼。否则，如果推销员过早地笑语相迎，问这问那，反而会使他们产生一种心理威胁，从而感到浑身不自在。当然，如果顾客在观看中停了下来，开始仔细审视某种商品，表现出购买的兴趣和欲望。推销员则应不失时机地上前打招呼：“您好，有感兴趣的东西吗？”或说：“您好，您喜欢些什么？”这时的称呼语就显得适时、自然。

第三类顾客完全没有购买目标与欲望，纯粹以消遣时光、闲逛为目的。他们进门后往往是在店内漫不经心地浏览商店的装潢、广告和展品，漫无目标的眼光表现出并没有购物的打算。对这类顾客，推销员一般不宜去打扰他们，而应从容地让他们自由自在地观赏。否则，如果冒失地送上一句：“请问先生(小姐)要买什么？”对方会以为推销员对自己只看不买有意见，从而感到不好意思并提早离店而去。这一来，就有可能留给顾客不好的印象，还可能失去某些今天或明天的顾客。

三、要亲切热情。

问候本是对别人表示关切、问好与祝愿的礼节用语。从表面，它似乎与推销营业没有直接关系，而其实它同优质服务一起，造成客至如归的气氛、推销企业热情为顾客服务的美好形象、创造更多的长期客户。当然，这种打招呼式的问候不同于家庭内、亲朋间的嘘寒问暖，而是“见景生情”地临时用上的一两句极短的问候语，它把关切的问候与营业需要的问话融为一体，并以此为桥梁，迅速过渡到服务内容上，对树立宣传企业良好形象和推销商品有一箭双雕的效果。

一位外国客人来到我国的一家书画店，营业员一看对方背的两个大提袋已塞满了中国的各种民间工艺品，马上迎上前去热情地说：“先生，您好，来中国旅游吧？您买的东西可真不少啊？来，我帮您放下，好好歇歇！”

外国客人放下提袋后，营业员又说：“先生。您可真有艺术眼光，对中国的民间工艺一定很有研究吧！”外国客人听了很高兴，自豪地说：“我最喜欢中国艺术品了，我每次来中国都要买一批。现在我家里客厅的博古架上，中国的工艺品都琳琅满目啦！”

此时营业员灵机一动，接下去说：“先生，您看这个条幅，一个‘艺’字，把您这种苦心追求的精神境界和您所悉心收藏的艺术珍品都概括进去了！”

外国人听后更加兴奋了，他快步走到条幅跟前，左看右看，时而若有所思，时而眉飞色舞。忽然，他眼神一亮，说：“多少钱？我买了！”

四、要灵活机动。

和顾客打招呼不能千篇一律，应该因人制宜。要针对顾客的特点和需求，采取灵活机动的问话方式和内容，把“话”问到顾客心坎上、感情上，问到有利于服务的“点子”上，使顾客在心理上的亲切和需求得到满足，为成功的推销搭好一座感情的桥梁。

比如对一些曾经光顾过本商店的顾客说：“您好，上次在本店买的东西好用吗？”这就传递了一种信息：您是老主顾了。作为老朋友，我们希望每次服务都对您负责，使您满意；今天您还有什么需求，我们会一如既往的。

又如一些饭店的服务员对进来的顾客说："您好，先生(小姐)，您今天希望吃点什么？"这里特意用上"今天"二字，也传递了一种非常微妙的信息：作为多次合作的老主顾，我们还记得您。您以前吃了哪些，今天还准备吃些什么呢？是按"惯例"还是来点新的？我们将继续热情为您服务，尽量使您满意。这样，主客双方似乎已成了长期合作、互相了解的朋友关系，顾客心里热乎乎的，成交的愿望会强烈得多。

推销员必须掌握的知识

一个合格的推销员，必须掌握很多相关的知识。他只有把这些知识吸收到脑海里，然后综合运用，才能在推销时游刃有余、获得巨大的成功。

那么，这些"相关的知识"具体指什么呢？

一、要熟悉各类商品的行情。

对于经济周期不同的试销商品、畅销商品和滞销商品，推销者在介绍时也应根据其不同的行情和顾客的购买心理因情制宜。

比如对试销商品，介绍时要抓住一个"新"字。其中包括它的新特点、新功能，所体现的新的审美观和价值观。

例如你要介绍一种试销的A牌防水运动手表，可以这样说："这是A牌防水运动手表，曾在水下100米处试验不渗水；整天工作、休息、运动都可戴着，计时准确，有利于紧张的生活节奏；还有预拨闹响、小时信号12／24小时变换等多种功能。"

这样介绍，既突出强调了A牌手表防水度高的新特点，又介绍了其他各种实用的新功能，表现了此表的性价比。因而使推销获得了成功。

又如对畅销商品，要认识到之所以畅销，是因为其质量、功能、价值已广为人知。因此，对商品本身不需详细介绍，而应着重介绍其畅销的行情和原因，使顾客不但感到畅销合情合理，而且产生一种“如不从速购买，可能很快脱销”的心理。

再如对滞销商品，考虑到其供过于求、款式偏旧、质量稍次、性能较劣等原因，介绍商品时则应突出其价格低廉的特点或某方面的实用价值，并主要面向那些晚期采购和寻求价廉商品的顾客，可以同时恰当地对照说明其滞销的某些原因和可取的优点。

比如对老年人介绍说：“这种羊毛衣是老字号名牌产品，纯毛、保暖性强、经久耐穿、样子大方，就是样式不够新潮，所以赶时髦的年轻人看不上它！”老年人一听，心里想：赶啥新潮？我可不想“要风度不要温度”。这老名牌咱信得过，保暖耐穿、朴实大方、价廉物美，正求之不得哩！

二、了解各类客户的情况。

由于顾客来自不同的国家、地区，而且在地位、职业、文化教养、年龄、性别、性格爱好、民族风习等方面都有所差异。审美标准、价值观念和情趣需求各不相同，对商品的评价表现出不同的心理特点，介绍商品时更应抓住不同顾客的行为习惯和心理特点，做到因人施语、有的放矢、讲求实效。这里应注意几种情况：

其一，由于顾客所处国家、地区不同而带来的购买兴趣的差异。推销商品时，根据当地经济情况和顾客特点，投其所好、突出重点。

其二，要根据顾客受不同国家、地区民族风俗习惯、社会风气影响而形成的不同的性格特征和购买心理来介绍商品。如英国人偏于持重守旧，语意含蓄，向他们介绍商品时应稳重、委婉些；美国人性格开朗、作风浪漫，介绍商品时可以放开些、随意些；印度人精于心计、比较追求眼前实利，喜欢看样品交易求方便，介绍商品时应附以样品展示、广为介绍实惠之处；日本人脑子灵活，既重行情、又重人情、讲求礼节，介绍商品时用语应文雅庄重、彬彬有礼、讲求策略。

其三，还应根据客商和顾客在性格、心理上不同的类型特点，在介绍商品时做到知人善语、区别对待。比如对待老成持重、一问三思的沉稳型顾客，介绍时应力求周全稳重，讲话时可以慢一点，并留有余地，稳扎稳打；对待自以为是、夸夸其谈的独尊型顾客，介绍商品时不妨先心平气和地洗耳恭听其评论、稍加应和、进而因势利导地做出更正与补充；对待性情急躁、褒贬分明的率直型顾客，介绍商品时应保持平静愉快、避其锋芒、以柔制刚、设身处地为之出谋献策、权衡利弊、促其当机立断；而对待患得患失、优柔寡断的犹豫型顾客，介绍商品时应察言观色，及时准确地捕捉其要害之处晓之以利，促发其购买冲动，并步步为营、扩大战果，以致达成贸易。

推销员的语言要求

因为其行业的特点，推销员的语言与一般的说话不同，必须有其自身的要求。具体来说，包括以下几点：

一、实事求是，不卑不亢。

在介绍商品时，卑恭求怜的倾销言行固然是可鄙的，而自我吹嘘的介绍也常常会使企业的声誉扫地，失去更多的顾客与利益。因为人们都懂得，正如列宁的一句名言所说的："在市场上常常看到一种情况：那个叫喊得最凶和发誓发得最厉害的人，正是希望把最坏的货物推销出去的人。"

据说，有那么一位推销员，先后向几个国家的客户推销商品，他的介绍一开口就以企业的人数之众来标榜企业规模之巨、地位之高；开口闭口自诩产品“优质耐用”“世界第一”“领导时代新潮流”，结果客户被弄得哭笑不得，或拂袖而去、或婉言告退。

推销人员对于本企业商品的优点、功能和价值，当然应当了如指掌并长于简明生动的介绍。但任何一种商品都不会是完美无缺的，长处与短处是相对而言并客观存在的。我们的自信心和顾客的需求都仅仅在于商品的长处在某种程度上大于短处、在于商品的某些相对的长处和价值与其价格基本相称，所以，对商品的成功的介绍并不在于过分地渲染与夸大商品的优点与地位，因为这只能引起顾客对企业的不信任感，他们绝不会把命运的赌注押在肥皂泡式的大话上。

在介绍商品时，要尽量避免使用赞美诗式的语言和诸如“最佳”“超级”“绝无仅有”一类令人难以置信的修饰语，而应代之以实事求是、恰如其分的介绍与评价。要记住：商品介绍中最重要的不在于推销者说了些什么，而在于顾客们相信了什么；不在于告诉顾客商品如何至高无上、十全十美，而在于让顾客了解此商品有什么适应其需求的好处。

广州市某进出口公司的一位推销员在一次广州秋交会上遇到一位香港客商，在互递了名片之后，港商忽然似有所悟，接着说：“贵公司的商品我们去年已领教过了，关于这批商品的某些重大缺陷你们当时大概忘记介绍了。所以，今年我们总经理要求订购一些有缺点的商品。对不起了。”去年的片面介绍，导致了今年交易的失败，这件事告诉我们，商品介绍还是实事求是好。

另外，我们也不应在介绍商品时用说同行业竞争者的坏话来抬高自己商品的身份。这样做，只能如向天吐痰、自得其害，因为说别人商品的坏话被公认为是缺少商业道德的行为。

当然，在介绍商品时也不应当向顾客和客户采取乞求开恩的推销方式。如说："我们上次帮了您的忙，关照您买了一批上等品，这些次等品得反过头来请先生多多关照了。""老主顾了，虽然这批货较差，但你订货对我们这个小公司事关重大，高抬贵手吧！"这种卑躬屈膝的推销与介绍，不但使商品贬值，也会使企业的声誉扫地，是要不得的。

二、语气轻松、幽默。

与客户谈话的语气应尽可能地轻松、幽默，必要时，可以开个无伤大雅的玩笑。特别在谈话的开始，假如使用得当，可以立刻拉近推销员和客户之间的距离，消除陌生感。玩笑的内容则要有所选择，要根据"家庭的味道"来判断，做灵机一动的反应。

同时，每个人、每个家庭都有刻意忌讳的东西，千万不可去触动它。如果没有准确的把握，不妨先拿自己取个乐也好。还要记住的是，幽默不等于无聊，不等于恶作剧，也不完全是为着逗人哈哈一笑，目的在于传达轻松亲切的交流愿望。

三、学会含蓄赞美你的客户。

所有的人都喜欢听顺耳的话、喜欢别人的赞扬，这是人性的共同弱点。但一定要含蓄、得体，这其中的尺度掌握很微妙，需要推销员用心去体会把握。赞美使用不当，或者太夸张，会给人留下很不好的印象，令人厌恶。

赞美的话题可小可大，小的可以是"您的气色很好""您的院子真整洁"等等，大的话题可能是"您的生意信誉很好""听说，您在某个方面很有经验"，也可以说"一直仰慕您的学识或者人品"等等。

赞美选择的内容和方式越具体越好，这表明你对被访问者的了解程度。

不同文化层次和不同职业的人，对赞美的反应程度差别很大，应注意区别。如面对一个作家，假如你说很喜欢他的某一篇文章，他可能仅会微微一笑，甚至表面看来还漫不经心，实际上，他心里已经接受你作为谈话对象。

假如是一个百货零售店的经营者，你只要称赞他生意不错、选择货品有眼光，他的热情便会立刻流露出来。

赞美的话使用时机很灵活，要看谈话的进展来决定。一般说来，开头使用赞美有助于打开僵局，最后使用赞美会留下好印象，便于下次重访。

谈话中间的赞美多用于扭转话题，或改变气氛。使用赞美的频率要有节制，越低越好，就像一幅图画中的亮色要恰到好处，反之，则会破坏了整个画面。

四、注意调整谈话的音调、节奏和表情。

人们的语音节奏、声调与周围的成长环境有关，是一种不由自主的习惯性。如生活在山野的人，说话会不由自主地嗓门很大；生活在文化氛围较浓的地方，语言会自然低沉而优雅……这些仅仅是大的外在差别，细微的差别有的几乎不能用语言表达，只能是一种感受。

语言确实存在着是否悦耳、是否吸引人、是否表达清晰、是否知识丰富等等许多选择标准。推销员的工作也是一种语言的艺术，因此，必须刻苦修炼这种技艺，使你的语言充满吸引人的魅力。

一般说来，男性的声音应明朗、低沉，略带有胸音，语调则应自然轻松；女性的声音则应柔婉、清亮，语调亲近、舒缓。这些标准都不是硬性的，仅仅是一种比较普遍的共识。这些知识可以从电视、广播以及与朋友、同事的相处中用心揣摩体会，从中找到与自己比较接近的类型，再加以模仿学习，也可以综合多人所长，形成自己的特有风格。

假如发现自己的语音中有偏高、过于急促或者夹杂有锐音时，一定要反复练习，把它改过来。另外，语言的清晰、准确，节奏舒缓，缓慢得当，注意停顿的间歇，注意插话的时机，注意面部的表情等，也都应时刻记住。

有一个办法是：每天不间断地对自己说话、对镜子说话，注意倾听自己的声音，观察自己的表情。还可以通过大声朗诵控制情绪和语调，通过录音重放改变音色等等。各种练习方法有很多，关键是必须用心去做，把它当作一件十分重要的头等大事来完成。久而久之，便会成为一种自然流露，与你的形体、神色融合为完美的整体。

除此之外，语言的丰富是和知识成正比的。推销员要接触形形色色的人，因此，他的知识越丰富越好。原一平的知识就特别广泛，他关心日本的木屐是怎样制成的，还关心当代汽车行业的最新动态、各种最新的体育赛事，以及最时髦的摩托车型号、化妆品的品牌等等。原一平用专门的时间集中攻读，也随时随地注意搜集零碎的信息。

第八天

谈判：针锋相对的语言较量

你是否经常在谈判桌上被对手逼得无处可退？相信这是很多人的噩梦。谈判是一场语言的较量，更是一场没有硝烟的战争。在大大小小的谈判桌上，我们经常看到那些灰头土脸的失败者，以及那些趾高气扬的胜利者。

那么，你想成为一个谈判专家吗？OK，做梦都想！

那就从现在开始吧，其实这一点都不难——我保证！

洽谈协商的绝招

洽谈协商，就是针对某一问题进行谈判，从而达到合作、交易的目的。洽谈协商态度要真诚恳切，这是前提，但是也要讲究技巧。这方面的技巧很多，归纳起来主要有：

一、注意用商量的语气。

在任何洽谈中，切记不要强加于人，最好是以假设为前提，客客气气地用商量探询的口气说话，比如“如果可能的话……可不可以……”。

二、一步步获得对方认同。

可以先摆出对方认可的事实或理由，当对方做出某种肯定后，再委婉地提出请求、进行商谈。

三、承担义务讲前提。

在洽谈时应及时提出自己在这件事情中准备承担的义务或准备给对方的补偿，以此为前提，可以推动洽商的成功。

四、得寸进尺“登门槛”。

这是社会心理学中说的一项小技术。即“得寸以后再进尺”先提出一个对方不易推脱的低要求，然后利用对方想要保持形象和“帮人帮到底”的心理，提出较高的要求。但“门槛不能太高，过高了，对方马上会产生防卫戒备的心理，门槛就“登”不上了。

五、采用“门面技术”。

“门面”技术与“登门槛”相反：先提出肯定会被拒绝的高要求，但那是“虚”的，然后利用人们不愿给别人留下坏印象的心理，提出一个低一点的要求，以推动洽商的成功。

同时，在协商的时候还要注意，一定要掌握主动权，不要被对方“算计”。

有一次，一位小伙子到小摊上去买一套运动服。

小伙子同卖主进行了一番讨价还价。最后，卖主提出的最低价格是68元。

小伙子没有接受他的要价，交易告吹。

后来，小伙子又到其他摊点去寻找他要买的运动服。

但由于其他摊点的运动服式样不合他的心意，或是要价太高，小伙子又返回原来那个卖主那里，同卖主再次讨价还价。

当小伙子提出接受他原来的要价，按68元的价格成交时。卖主却十分自信地说：“现在卖72元，68元太优惠你了。”

小伙子和这位卖主进行了一番讨价还价后，最后勉强以70元的价格成交。

小伙子之所以在这次讨价还价中再次退让妥协，是因为他吃了“回头草”。在讨价还价失败、交易告吹后，又回头请求对方卖货，让对方把握住了他的心理状态。

“曲线进攻”的谈判艺术

谈判，就是了解对方真实的需要、进而通过谈判解决问题。无论是对方个人的需要，还是他们所代表的团体的需要，都对谈判的成功起到至关重要的作用。

生活离不开谈判，大到国与国之间的双边谈判，小到菜市场上的讨价还价，无不需要谈判的艺术。谈判过程就是一个以协商为手段、以互利为目标，通过双方互有拒绝又互有承诺而达成共识的活动过程。谈判中包含着冲突与合作的双重因素，也就是说，谈判的目的既是为了合作，也是为了避免冲突。

在谈判中，常会遇到这样的情况：对方立场坚定、态度强硬，任你磨破嘴皮，他就是不改初衷。在这种情况下，为了不至于浪费更多的时间和精力，更快地接近你的目标，避开或绕过正面的话题，采取曲线进攻的战术，还能奏效。

曲线进攻，就是将正面话题转换成其他的话题，用以分散对方的注意力，瓦解对方内心中所筑起的“心理长城”。等时机成熟了，再言归正传，这时往往会出现新的转机。

中国某玻璃厂要从A国引进一套生产线，厂长率团与A国公司进行谈判，可是谈判一开始就陷入了僵局。原来，我方希望部分引进，但A方无法接受，坚持要求全部引进。

此时，我方首席代表虽然心急如焚，但冷静地分析了形势——如果一个劲地说下去，可能会越说越僵。于是，厂长聪明地由直接讨论变为迂回说服。

“全世界都知道，贵公司的技术是第一流的，设备是第一流的，产品也是第一流的。”厂长转换了话题，先来了三个“第一流”，诚恳地称赞了对方，使气氛缓和了下来。

接着，厂长又说道：“如果贵公司能帮助我们玻璃厂跃居全中国的第一流，那么，我们将不胜感谢。”这里，刚离开的话题，似乎又转了回来。但由于前面说的话，已解除了对方心理上的对抗，所以，对方听到这些话时，似乎也顺耳得多了。

“贵公司当然知道，就是现在，还有几个国家的代表团，正在同我国玻璃厂进行引进生产线的谈判。如果我们这个谈判因一点点小事而归于失败，那么，不但是我们玻璃厂，更重要的是贵公司方面将蒙受巨大的损失。这损失不仅是生意，更重要的是声誉。”

这里，我方代表没有直接提到谈判中最敏感的问题，也没有指责对方缺乏诚意，只是用“一点点小事”来轻描淡写，目的当然是淡化对方对分歧程度的关注。

同时，指出万一谈判破裂将给A方造成巨大损失，这一点，对方无论如何是不能拒绝的。

厂长见对方开始动摇了，继续说道：“目前，我们的确因资金有困难。不能全部引进，这点务必请你们理解和原谅，并且希望在我们困难的时候，你们能伸出友谊之手，为我们将来的合作奠定了一个良好的基础。”

这段话，是要动之以情。言外之意，我们现在不是在做什么买卖，而是朋友之间的互相帮助，既通情、又达理。于是，经我方代表的迂回战，僵局打开了、协议签订了，为我国节约了好几百万美元的外汇。

英国人利德尔·哈特说：“在战略上，最漫长的迂回道路，常常是达到目的的最短的途径。”这种情况，就好比在战场上面对敌方固若金汤的工事、强大的火力封锁。为了减少不必要的牺牲，必须寻找敌方的薄弱环节，避开正面火力，从旁边或后面迂回进攻。

谈判时，避开对方正常的心理期待，从一个对方以为不太可能的地方进行突击，这就非常可能让对方的思维、判断脱离预定轨道。等到对方的心理逐渐适应你的思维逻辑，再转而实施正面突击，常常会出现“山穷水尽疑无路，柳暗花明又一村”的奇迹。

谈判中的提问和应答技巧

谈判有点像辩论，经常要采用一问一答的形式。因此在谈判的时候，如何进行精明的提问和应答，就显得至关重要。

提出问题，就是要让对方清楚你来谈判的目的是什么。如果他明白了你的意图，就可以有的放矢地做出回答，你也就可以掌握大量信息。谈判提问切忌随意性和威胁性，从措辞到语调，提问前都要仔细考虑。提问恰当，有利于驾驭谈判进程，反之，将会损害自己的利益或使谈判节外生枝。

一、提问的作用。

恰当的提问，是发现对方需要的一种重要手段。而发现了对方需求，就可以牢牢掌握谈判的主动权。但这绝不是一件轻而易举的事情，你必须运用各种技巧和方法获得多种信息，才能真正了解对方在想些什么谋求些什么。

精彩的提问，可以引起对方的注意，引导他思考的方向；可以获得自己不知道的信息，尽量让对方提供自己未掌握的资料；可以传达自己的感受，引起对方的思考；可以控制谈判的方向，使话题趋向结论。具体来说，提问主要具有以下功能：

1. 引起对方的注意。

这种类型的提问，其功能在于，既能引起对方的注意，但又不会使对方焦虑不安。

2. 可获得需要的信息。

这种提问往往都会有一些典型的前导字词，如：“谁”“什么”“什么时候”“哪个地方”“会不会”“能不能”等等。在发出这种提问时，谈判者应事先把自己如此提问的意图示意对方，否则，很可能引起对方的焦虑。

3. 借提问传情达意。

如：“你真的有信心在这里投资吗？”有许多问话表面上看来似乎是为获得自己期望的消息和答案，但事实上，却同时把自己的感受或已知的信息传达给了对方。

4. 引起对方思绪的活动。

通过提问能使对方思绪随着提问者的问话而活动。这种问话常用到的词语有：“如何”“为什么”“是不是”“会不会”“请说明”等。

5. 做谈判结论。

用借着提问使话题归于结论。如：“该是决定的时候了吧？”“这的确是真的，对不对？”

二、提问的形式。

提出某一个问题，可能会无意中触动对方的敏感之处，使对方反感。所以，提问一定要注意技巧。怎样的提问才能算得上巧妙、才能收到应有的功效呢？这就需要选择恰当的提问形式。在正规的谈判中，提问的形式主要有以下几种：

1. 限制型提问。

这是一种目的性很强的提问方法。它能帮助提问者获得较为理想的回答，减少被提问者说出拒绝的或提问者不愿接受的回答。这种提问形式的特点是限制对方的回答范围，有意识、有目的地让对方在所限范围内做出回答。

2. 婉转型提问。

这种提问是用婉转的方法和语气，在适宜的场所向对方发问。这种提问是在没有摸清对方虚实的情况下，先虚设一问，投一颗“问路的石子”，这样即能避免因对方拒绝而出现难堪局面，又能探出对方的虚实、达到提问的目的。

例如，谈判一方想把自己的产品推销出去，但他并不知道对方是否接受，又不好直接问对方要不要，于是他试探地问：“这种产品的功能还不错吧？你能评价一下吗？”

3. 启示型提问。

这是一种声东击西、欲正故误、先虚后实、借古喻今的提问方法，以启发对方对某个问题的思考并做出提问者想要得到的回答。

4. 攻击型提问。

这种问话的直接目的是击败对手，故而要求这种问题要干练、明了、击中对手要害。

5. 协商型提问。

如果你要对方同意你的观点，应尽量用商量的口吻向对方提问，如“你看这样写是否妥当？”这种提问，对方比较容易接受。而且，即使对方不能接受你的条件，但是谈判的气氛仍能保持融洽，双方仍有合作的可能。

三、怎样巧妙应答。

谈判中的应答技巧不在于回答对方的“对”或“错”，而在于应该说什么、不应该说什么和如何说，怎样处理才得当、才能产生最佳效应。

谈判中回答问题，不是一件容易的事。因为，你不但要根据对方的提问来回答，并且还要把问题尽可能地讲清楚，使提问者得到明确的答复。而且，你对自己回答的每一句话都负有责任，因为对方可以把你的回答理所当然地认为是一种承诺。这就给回答问题的人带来一定的精神负担与压力。具体来说，掌握谈判的答复技巧应注意以下的要领：

1. 不要彻底回答所提问题，答话者要将问话者问题的范围缩小，或者对回答的前提加以修饰和说明。

2. 不要确切回答对方的提问，回答问题，要给自己留有一定的余地。在回答时，不要过早地暴露你的实力，通常可以先说明一件类似的情况，再拉回正题，或者利用反问把重点转移。

3. 减少问话者追问的兴致和机会，问话者如果发现了答话者的漏洞，往往会刨根问底地追问下去。所以，回答问题时要特别注意不让对方抓住某一点继续发问。为了达到同样效果，借口问题无法回答也是一种回答问题的方法。

4、让自己获得充分的思考时间，回答问题前必须谨慎从事，对问题要进行认真的思考，要做到这一点就需要充分的思考时间。一般情况下，谈判者对问题答复的好坏与思考时间成正比。正因为如此，有些提问者会不断地催问，迫使你在对问题没有进行充分思考的情况下仓促作答。遇到这种情况，作为答复者更要沉着，你不必顾忌谈判对手的催问，而是转告对方你需要时间进行认真思考。

5. 有些问题不值得回答，但谈判者有回答问题的义务，这并不等于谈判者必须回答对方所提的每一个问题。特别是对某些不值得回答的问题可以礼貌地加以拒绝。

6. 不轻易作答，谈判者回答问题，应该具有针对性、有的放矢，因此有必要了解问题的真实含义。同时，有些谈判者会提出一些模棱两可或旁敲侧击的问题，意在以此摸清对方的底细。对这一类问题更要清楚地了解对方的用意之后再作答。否则，轻易、随意作答，会造成己方的被动。

7. 找借口拖延答复，有时可以用资料不全或需要请示等借口来拖延答复。当然，拖延时间只是缓兵之计，它并不意味着可以拒绝回答对方提出的问题。因此，谈判者仍要进一步思考如何来回答问题。

8. 有时可以将错就错，当谈判对手对你的答复做了错误的理解，而这种理解又有利于你时，你不必去更正对方的理解，而应该将错就错，因势利导。谈判中，由于双方在表达与理解上的不一致，错误理解对方讲话意思的事情是经常发生的。一般情况下，这会增加谈判双方信息交流与沟通上的困难，因而有必要予以更正、解释。但是，在特定情况下，这种错误理解能够为谈判中的某一方带来好处，就可以采取将错就错的策略。总之，谈判中的应答技巧不在于回答对方的“对”或“错”，而在于应该说什么、不应该说什么和如何说、怎样处理才得当、才能产生最佳效应。

应该注意的谈判细节

日常商业交往中，一个小小的细节都有可能改变对方对你的看法。

因此，参加商业谈判时，一定要注意自己的言谈举止应与会场主题气氛一致，应时刻提醒自己，任何一个不恰当的行为都会带来负面作用，都会使自己失去一次成功的机会。过去我国曾有过这方面的教训，如一个外商要与一家乡镇企业的厂长签订一笔大宗交易的合同，在走向谈判室的走廊里，这位厂长向墙角吐了一口痰，随即用脚去擦，这位外商看见后，拂袖而去。

下列几个方面就是商业成功人士告诫所应注意的细节：

1. 不要中途插嘴。

中途打岔抢着说话常会引起别人的反感。口若悬河，抢尽了风头，只有引起人的逆反心理。

2. 禁忌独占谈话、过分表现自己。

商业交往应该是有来有往，交谈过程更是如此。独占一次谈话而过分表现自己，虽然可以快意一时，却会带来巨大的损失。

3. 善于倾听。

精于谈判的人，大多都沉默寡言。他们都是倾听的高手，只有在关键的时刻才会说一两句。

4. 清楚地听出对方谈话的重点。

与人谈话时，最重要的一件事就是听出对方话中的目的和重点。

5. 适时表达你的意见。

谈话必须有来有往，所以要在不打断对方谈话的原则下，适时地表达你的意见，这才是正确的谈话方式。

6. 肯定对方的谈话价值。

在交谈中，一定要用心去找出对方的价值，并肯定它，这是获得对方好感的一大绝招。

7. 必须准备丰富的话题。

为不使谈话冷场，并增进交流，必须准备丰富的话题。丰富的话题来源于丰富的知识。但要记住，丰富的话题绝不可拿来向对方炫耀，以免对方产生反感，你就会得不偿失了。

8. 以全身说出内心的话。

光用嘴说话是难以造成气势的，所以必须以嘴、以手、以眼、以心灵去说话，只有这样，才能融化对方、说服对方。

9. 谈判语调要低沉明朗。

明朗、低沉、愉快的语调最吸引人，语调偏高的人，应设法练习变为低调，说出迷人的声音。

10. 咬字清楚。段落分明。

说话最怕咬字不清，段落不明，这么一来，非但对方无法了解你的意思，而且还会给别人带来压迫感。

11. 谈判时说话的快慢运用得宜。

开车时有低速、中速和高速，必须依实际路况的需要，作适当的调整。同理，在说话时，也要依照实际状况的需要，调整快慢。

12. 谈判时运用“停顿”的奥妙。

“停顿”在谈判中非常重要，但要运用得恰到好处。“停顿”有整理自己的思维、引起对方好奇、观察对方的反应、促使对方回话、要加以妥善地运用。

13. 谈判时音量的大小要适中。

在两人交谈时，对方能够清楚自然地听清你的谈话，这种音量就比较合适了。

14. 谈判时语句须与表情互相配合。

每个字、每一个词句都有它的意义，单用词句表达你的意思是不够的，还必须加上你对每一词句的感受，以及你的神情与姿态，这样你的谈话才会生动感人。

15. 谈判时措辞要高雅，发音要正确。

一个人在交谈时的措辞，犹如他的仪表和服饰，深深影响他谈话的效果。对于若干较涩的字眼，发音要力求准确，因为这无形中会表现出你的博学和教养。

总之，要注意细节，这对谈判者而言，是为了捕捉对方信息的需要。因此，除了问与听之外，仔细观察、收集对方发出的无声信息，也是十分重要的。正如一首古老的歌曲所唱的那样："细小的一举一动，自有意义无穷。"

人们往往容易产生这样的误解，认为传播主要是依靠语言。然而，传播学的研究告诉我们，当人们交谈时，他们之间所交换的信息仅有一小部分是由语言传播的。世界著名谈判大师荷伯·科恩指出：两个人之间一次普通的交谈，语言传播部分还不到35%，而非语言成分则传递了65%以上的信息。作为一名谈判者，应该具有丰富的非语言传播知识。掌握这些知识，对于洞察对方的心理状态将有很大帮助。

通过察言观色来揣摩对方。你可以仔细观察对方的举止言谈，捕捉其内心活动的蛛丝马迹；也可以揣摩对方的姿态神情，探索引发这类行为的心理因素。

运用这种方法，不仅可以判断对方思想、决定己方政策，同时可以有意识地运用行为语言传达信息、促使谈判朝着有利于自己的方向发展。第三有时为了不冒犯对方，可适当运用“转折”技巧，即先予以肯定、宽慰，再转折，委婉地否定并阐明自己的难处。如“是呀，但是……”“我理解你的处境，但是……”“我完全懂得你的意思，也完全赞成你的意见，但是……”这种貌似承诺，实则什么也没接受的语言表达方式，体现了“将心比心”这一古老的心理战术。它表示了对于对方的同情和理解，而赢得的却是“但是”以后所包含的内容。

谈判过程中的误区

在业务谈判中，在技巧上很容易出现误区。

一、透露情况过多。

有些谈判者，特别是新手，与对手一坐下来，就显得十分热情，不等对方设圈套，三言两语就把自己一点“底子”和盘托给了人家，使谈判一开始就处于很被动的局面。因此，谈判者要记住，不能透露过多的情况。比如说，要推销库存商品，在价格、交货期、支付方式等重要条款没有谈成之前，绝对不能抖出数量、原价多少等敏感的数据，也不能流露出“资金占用多少多少”“将影响后面的业务”“仓库紧张”等等有关的真相。否则就等于把绳圈交给对方，往自己的脖子上套。对方一旦掌握你急于脱手成交的心理，势必要杀价，这就会使你亏得很惨。谈判桌上，只有利益的分配之争，无“帮忙”可言，谁肯自己赔上几万、几十万“帮”你“忙”呢？

当然无偿的经济援助那是另一回事。推销库存商品是如此，其他方面也一样，当讲则讲，不该讲就尊口莫开。有时看起来是一句不经意的问话，如“某位主管领导今天是否外出”“最近国家是否会对某个商品的价格有新规定”等等，讲者无意，听者有心，很可能会成为对方后面反击的把柄。

二、轻易接受。

“让我们寻求一个妥协办法。”我们把“妥协”作为一种策略，这只是讲有这么一个策略可以使用。在谈判实战中，有的人不经努力，或不经仔细计算思考就脱口而出、接受对方的所谓妥协方案，继而想想不太妥当，再改口就被动了。轻易地接受对方看似为你着想的提议，很容易中对方的圈套。当对方提议“让我们寻求一个妥协方法吧”，你不应急于对提议的本身表态，而应以反问形式，搞清对方的“妥协方法”的实际内容究竟是什么、对己方是否有利，然后再做决定。要注意，轻易地接受空洞的邀约，往往是掉入“陷阱”的开始。

三、愿意被人拥戴。

说好话“不蚀本”，但愿意被人拥戴的谈判手，在谈判桌上是很危险的。一旦对方掌握了你这个弱点，就会用“蜜糖”把你灌得迷迷糊糊的，使你失去应有的戒备心、做出不必要的妥协和让步。

四、引起不必要的冲突和对抗。

既然大家都是为了做生意寻求共同的利益而谈判，所以应当避免一些不必要的冲突和对抗。但同时，我们也不可忘记，谈判既是双方利益之争，不可能没有冲突和对抗，放弃必要的冲突和对抗，有时恰恰是放弃你应得的权利。对方要求你什么价要你让步，你就一声不吭地同意什么价、同意让步，这样的谈判当然不会有什么冲突和对抗，但己方的利益怎么维护呢？

一个好的谈判手应该设法避免不必要的冲突和对抗，但也不畏惧对抗和冲突。在该争的利益上，不会轻易后退半步的人，反而会受到对手的尊敬。

五、过早地以撤出谈判相威胁。

撤出谈判是万不得已的事。撤出谈判就意味双方这笔交易的结束，又得从头开始选择新的交易伙伴。更重要的是很可能由此而失去销售的最佳时机。因此，一个好的谈判高手要学会有耐力，就是要磨出个结果来。一看自己的目标有可能达不到，就沉不住气了，并以撤出谈判来威胁对方，这是软弱无能的表现。不但起不到逼迫对方就范的目的，反而容易刺激对方的不妥协心理。

六、走进死胡同。

一个生意人的头脑应当是相当灵活的。这条路不通，就走那条路，谈判过程中，认死理是很糟糕的。下述情形最容易钻死胡同：

1. 急于求成，表态轻率。

2. 对方激将法，火上加油。

3. 自己面子下不来，情面大于利益。

4. 思想方法僵化，不肯退一步想一想，坐失良机。

5. 找不到自如撤出的技巧。

对照一下，自己如有钻死胡同的习惯，属于哪一类，应当针对自己的弱点，有意识地与自己过不去，才有可能提高谈判技巧。

七、寻求共同利益及新的解决办法。

为了寻求共同的利益而进行谈判，这一宗旨是每个谈判者运用技巧的基本出发点。立足于这一基本点，才有可能在谈判受挫的情况下，积极想办法，促成谈判僵局的转化。有的谈判者有意或无意地忽视了对共同利益的追求，或者只考虑自己一方利益的得失，或者只是意气用事，这样就很难想出好点子。

有些人认为谈判成功的唯一方式是恐吓和狡猾。实际上，是真原则问题不让步在商业谈判时，最无情的对手往往是最厉害的对手，在原则的问题上，绝对不能给对方半点可乘之机，因此，要练就谈判时的铁嘴钢牙，一定要经过一番艰苦的锻炼。下列谈判原则是许多成功人士多年经验的总结，值得人们仔细学习和利用：

其一，商业谈判中，对于与谈判无关的人和物都应尽量避免议论，特别是不要以一种批评或揭露的态度而讨论第三方的过失和是非。它包括如下两个方面：

1. 禁忌背后指责另一位商业同行。禁忌在一位商业伙伴面前谈论另一位老板的所作所为，最初他可能听得津津有味，可是如果他聪明，他就会这样想：既然你能和我谈论别人的私事，那么在别人面前又会说我些什么呢？

例如：某家公司的女老板在几乎做成一笔大生意的时候，很不合时宜地谈论起她另一位主顾的某些私人活动。她的新客户默然半晌，慢慢说："对不起，我不想也成为你的话柄。"结果她失去了这笔生意。

2. 对于本公司客户的私人或其企业的矛盾应尽量保持中立而不介人入谈判时言行的不慎重会破坏信任感，并会引起一些严重的问题。例如：某公司的一个重要主顾，和他自己的顾问关系不合，在关系恶化时期，这位主顾总对那个公司的老板说，他想解雇自己的顾问并问那老板对此怎样看，于是这位老板便把自己的想法吐露给了他，结果这引起了这位顾问的强烈反感，最终导致了公司与客户关系的破裂。

其二，不要因为碍于情面而在谈判中让步。谈生意，不能光算良心账不算经济账。经营谈判成功与否取决于诚意如何，取决于科学地预测成功的可能性。

1. 不要把经营谈判中“随机应变”的作用估计过高。不要被对方采取的心理威慑吓倒。不要把经营谈判中“心理战术”的作用无限夸大。谈生意，不要总到对方的地域去谈。

2. 不要认为一味地夸耀自己的企业、产品，就能使谈判成功。在商业谈判中，不可向对方炫耀自己的行政级别、职务、职称。在谈判中，不要被对方企业的规模巨大、谈判对手的地位之高所压倒。谈判中，不要在人家兴高采烈时表示拒绝，要选择合适的时机拒绝对方的不合理要求。在表示拒绝时，不要总绕弯浮，要坦诚、直率，要说服，不要压服。不要用轻蔑的语言，不要自吹自擂。

3. 谈判时，不要自卑、不要在谈判中自动放弃主动权。在经营谈判时，不要紧张、要深思熟虑。在谈生意时，不要寸利必夺、寸土必争，该放弃的就要放弃。谈生意时，不要只“达理”而不“通情”，要注意情感的交流和相互的理解。“店大欺客”是一种不道德的行为，也不利于经营。

其三，经营谈判中，不可意气用事，不能进行情绪性的谈判，而要进行理解性的谈判。

1. 对于谈判中的“僵局”，不可用强硬的方法去化解，要以兼顾双方利益为谈判原则。不要以损害对方利益为满足，不要以为谈判对手不能合作。谈判中，要有必要的忍耐。谈判中，该拒绝的马上拒绝，不要随意拖延。谈判时，不要有厌烦、急躁情绪。

2. 谈判时，不要离题太远。谈判时，不要在对方提出自己毫无思想准备的问题时惊慌失措。谈判时，在对方指出自己企业、团体的弊端时，不要恼羞成怒。要记住“挑剔是买主”，更要记住“买卖成与不成，都要使友谊长存”。

3. 谈判中，不要把话说得太绝。不是对方说出任何批评你的话，都要去解释一番。如果顾客不讲理，你不能“以其人之道，还治其人之身”。对待顾客，更不能“得理不让人”。

4. 谈判中，不要不给对方说话的机会、要注意语言简洁、要有勇气说“我不了解”。在谈判中，你真正了解以前，你要继续说“我不了解”。还应该坚持事情必须逐项讨论。当有人存心搅和和你讨论时千万不要让他得逞，你可以用你自己的方法来讨论，并且要让他倾听你的理由。

第九天

商谈：生意场上的语言技巧

生意场上，笨嘴拙舌、辞不达意会让人寸步难行，而字字珠玑、能说会道则会让你事半功倍。商人的说话技巧往往决定着他的商业命运，一句不合时宜的话语足以毁掉一单生意。丰富的商谈经验、熟练的商谈技巧，是一个成功商人必备的条件。

如何对付不同性格的谈判对手

有人戏称商务谈判是一场顽强的性格之战，因为我们要接触的对手可能千差万别，无论经验如何丰富，也很难做到万无一失。因此，对于各种不同的谈判对象，可以视其性格的不同而加以调整。

1. 死板的对手。

这种人的谈判特点是准备工作做得完美无缺。他们直截了当地表明他们希望做成的交易、准确地确定交易的形式、详细规定谈判中的议题，然后准备一份涉及所有议题的报价表，陈述和报价都非常明确和坚定。死板的人不太热衷于采取让步的方式，所以讨价还价的余地大大缩小。与之打交道的最好办法，应该在其报价之前即进行摸底，阐明自己的立场，并尽量提出对方没想到的细节。

2. 热情的对手。

这类人的特点是在商场上有些松松垮垮。他们的谈判准备往往不充分又不过于细致。这些人较和善、友好，好交际，容易相处，具有灵活性，对建设性意见反应积极。所以多提建议性意见，并友好地表示意图，必要时做好让步。

3. 冷静的对手。

他们在谈判时，表现沉默、从不激动、讲话慢条斯理。他们在开场陈述时十分坦率，愿意使对方得到有关他们的立场。他们擅长提建设性意见、做出积极的决策。在与这种人谈判时，应该对他们坦诚相待，采取灵活和积极的态度。

4. 坦率的对手。

这种人的性格使得他们能直接向对方表示出真挚、热烈的情绪。他们十分自信地步入谈判大厅，不断地发表见解。他们总是兴致勃勃地开始谈判，乐于以这种态度取得经济利益。在磋商阶段，他们能迅速把谈判引向实质阶段。他们十分赞赏那些精于讨价还价、为取得经济利益而施展手法的人。因为他们自己就很精于使用策略去谋得利益，同时，希望别人也具有这种才能。他们对“一揽子”交易怀有十足的兴趣并希望卖主按照他的要求作“一揽子”说明。所谓“一揽子”意指不仅包括产品本身，而且要介绍销售该产品的一系列办法。

5. 霸道的对手。

由于具有自身的优势，这种人常十分注意保护其在对外经济贸易以及所有事情上的垄断权，在拨款、谈判议程和目标上受许多规定性的限制。与这种人打交道，一般应做到：准备工作要面面俱到；要随时准备改变交易形式；要花大量不同于讨价还价的精力，才能压低其价格；最终达到的协议要写得十分详细。

6. 犹豫的对手。

在这种人看来信誉第一重要，他们特别重视开端，往往会在交际上花很长时间，其间也穿插一些摸底。经过长时间、广泛的、友好的会谈，增进了彼此的敬意之后，也许会出现双方共同接受的成交可能。与这种人做生意，首先要防止对方拖延时间和打断谈判，还必须把重点放在制造谈判气氛和摸底阶段的工作上。一旦获得了对方的信任就可以大大缩短报价和磋商阶段，应尽快达成协议。

7. 好面子的谈判对手。

这种人顾面子，希望对方把他看作是大权在握、起关键作用的，喜欢对方夸奖和赞扬，如果送个礼物给他，即使是一个不太高级的礼物，都有良好的效果。

如何进行合作性谈判？在合作性的谈判中，应始终贯穿着相互信任、尊重的原则。也就是说，要把双方的冲突看作是一个共同解决的困难，这样可使双方接近起来。在商业性谈判中，常常讲“生意不成仁义在”，也就是说谈成的价钱虽然没有达到预期的要求，但可能在道义上为以后的谈判和合作奠定基础。就习惯说来，合作性谈判有如下几种讲话艺术：

1. 开诚布公。谈判开始时，你应适当地说明自己的状况，如果自己可能有错的地方应加以承认，要开门见山地说明：“我需要你帮助解决这个困难，因为目前我已无能为力。”这种充满合作性的讲话，不会使双方对立起来。

2. 聪明机智。谈话时应该聪明机智、善于察言观色。即便对方有些使人讨厌之处，如消极、搞小动作等不良个性。但你设法接近他时表现出积极的愿望，往往会使他们那些“恶行“解除武装。

3. 将心比心。从对方的立场看问题，对方说话时别让自己做出针锋相对的争论。因为对同一件事，你用什么方式说，会决定你所得的反应。在答复对方时，避免用绝对的语气，常常在回答前先说：“我所想的也就是这样……”这类话会使你的成功率上升，将失败减少到更小。

4. 共同商讨。对一时难以调和的矛盾，应多提几个方案共商，直到双方的需要得到某种程度的满足。遇见冲突时，要找出原因、找出差异点和矛盾，进一步了解彼此的立场，才有可能打破僵局。

5. 尊重对方。为了对方，也为了自己，在任何场合不要当众羞辱对方。即便你是正确的，也要避免情绪对立，保持好良好风度。在谈判中，不要随意评判对方的行为和动机，因为人世间的情形错综复杂，你的评判未必中肯，而失误的判断最易破坏谈判气氛。

6. 适当让步。当谈判某些问题难以一时解决时，你应客观分析、权衡利弊、适当做些让步，而当事态有所进展时，再重新提出原则性意见，这是挺进的策略。

如何进行胜负性谈判

这类谈判不总是充满信任合作与善意。

这种谈判往往在谦卑有礼的外表下，进行咄咄逼人的攻势。因此，与该种谈判者会谈，必须从本质上认识他们的特点后再与之斗争。

总的说来，他们有如下特点：

1. 极端主张。最初常有强硬的要求和荒谬的提议，以期打乱对方的布置。

2. 权力局限。他们的权力有限，没有退却的余地。

3. 情绪失态。当他们的要求不能达到时，便会举止失态，有时还会中途退场。

4. 难于让步。他们的宗旨是不让步、拖延让步，一旦出现让步，也是因为形势变化所迫。

5. 做谈判结论用。借着提问使话题归于结论，如："该是决定的时候了吧？""这的确是真的，对不对？"

提出某一个问题，可能会无意中触动对方的敏感之处，使对方反感。所以，提问要注意对方的忌讳。同时，提问要问得巧，才是富有口才的标志。怎样才能问得巧呢？首先是选择恰当的提问形式。谈判中的提问形式有如下几种：

1. 限制型提问。

这是一种目的性很强的提问办法，它能帮助提问者获得较为理想的回答，减少被提问者说出拒绝的或提问者不愿接受的回答。

这种提问形式的特点是限制对方的回答范围，有意识、有目的地让对方在所限范围内做出回答。

2. 婉转型提问。

这种提问是用婉转的方法和语气，在适宜的场所向对方发问。这种提问是在没有摸清对方虚实的情况下，先虚设一问，投一颗"问路的石子"，避免因对方拒绝而出现难堪局面，又能探出对方的虚实，达到提问的目的。

例如，谈判一方想把自己的产品推销出去，但他并不知道对方是否会接受，又不好直接问对方要不要，于是他试探地问："这种产品的功能还不错吧？你能评价一下吗？"

3. 启示型提问。

这是一种声东击西、欲正故误、先虚后实、借古喻今的提问方法，以启发对方对某个问题的思考并给出提问者想要得到的回答。

4. 攻击型提问。

这种问话的直接目的是击败对手，故而要求这种问题干练、明了、击中对手要害。

5. 协商型提问。

如果你要对方同意你的观点，应尽量用商量的口吻向对方提问，如"你看这样写是否妥当？"这种提问，对方比较容易接受。而且，即使对方不能接受你的条件，谈判的气氛仍能保持融洽，双方仍有合作的可能。

唇枪舌剑，进退有据

谈判就像打仗，谈判桌就是战场。双方唇枪舌剑、短兵相接，进行着体力和智力的较量。

在这场较量中，尽管你在谈判前作了充分的准备，但场上的变化仍是波谲云诡、难以预料。对方可能会采取多种战术：或先声夺人、或以逸待劳、或迂回试探……面对这些情况，都需要谈判者静观其变、沉着应付。

同时，根据对手不同，也要采用不同的应对策略。

谈判中为了防止过早暴露自己，双方都会尽量地保守秘密。由于双方都不可避免地以此招为谈判前提，常常会导致谈判一开始就陷入"口头官司"，久久不得解脱，使人厌倦。此时，你应在保持极大兴趣的姿态下，转入进攻性的积极提问。一旦你进入提问状态，你就成功了一半，总能攻破对方谨慎保守的大门。

为了使对方“泄密”，可以对你知道的问题反复提问，以试探对方的“诚实度”；或向对方其他成员提问，因为不可能人人都能回答得滴水不漏。

提问时应注意不要带有明显的对抗情绪，如采用指责性、警告性、刺激性的提问方式，除非你感到非如此不能挽救濒临破裂的谈判。

一、我方失误出错。

一场谈判如同一场战斗，要了解那么多的材料，并进行综合、分析、推理、判断和决策。因此，出现判断或事实上的失误是难免的，关键是出错以后的挽救办法。

一是补充纠正。比如你失口认可了对方的报价。如果发觉得及时，可以马上纠正；如果发觉得较迟，你可通过助手补充纠正。

二是转移对方注意。顺口将对方的注意引到有利于我方的问题上来，将劣势变为优势。

二、对手占住优势。

此时，应坦然承认己方的不是或困难，不要死守着面子、千方百计辩解。这样对方的敌对意识也会大大削弱，从而有助于谈判氛围向相互体谅与帮助的方向转化，这正是“劣优相倚”的辩证法。

总之，谈判中不论出现什么意外情况都不要惊慌失措，而应像对待每一个需要解决的问题一样，从容不迫、灵活机动。因为，所谓意外情况和正常情况的区别，仅仅在于赋予人们思考时间上的短暂或充足而已，只要加强谈判应变的训练，就能在谈判中左右逢源、应变自如。

人们的资质差异可使一个企业扩大经营或萎缩不振。动脑者和不动脑者，结果是胜败兴衰之别，换句话说，这是“智慧决定一切”的时代。在谈判中如何才能做到没有损失的让步呢？这好像是一件不可能的事，其实却不然。下面便是可行且不受损失的让步：

1. 注意倾听对方讲话，尽量给他圆满解释。

2. 如果你说了某些话，就应证明给他看。

3. 对待他温和而有礼貌，向其保证他享受的待遇较其他顾客优越。

4. 告诉他其他有能力及受尊敬的人，也做了相同的选择。

5. 可能条件下，向他保证未来交易的优惠，让他亲自去调查一些事情，了解商品的优点及市场情况。

6. 让商场中高级主管亲自出马，使买主更满意而有信心。用脑思考、考虑周到，用每一个让步提高买主满意的程度和购物欲望，而在这些让步过程中，你什么东西也没损失。

其实，在商业谈判中，讨价还价、以退为进，也是一种斗智的较量：

1. 如果你是卖方，喊价要高，给自己留下让步的余地；如果你是买主，出价要低，不过必须在合理范围内。

2. 有时先隐瞒自己的要求，诱导对方先开口说出自己的要求，尽可能让对方在重要问题上让步。如果条件可以的话，在较小的问题上你也可以先让步。

3. 不要让步得太快或太多，晚点让步要比较好些，因为他等待得愈久，他就越珍惜它，另外有时可避免对方过于坚持原来的要求。在谈判过程中，要做到心中有数，才能掌握全局。

4. 不要作无谓的让步，每次让步都要获得益处。同等级的让步是不必要的，你的 40%让步，要换取对方的 60%。如果你在作了让步后想要反悔，也不要紧。因为那只是一种协定，一切都可以重新来过。

5. 买主不会欣赏容易获得的成功。所以你真想让对方高兴，就让他去力争每样能得到的东西。除了不要太快让步以外，也不要太快提供附加服务。如：迅速送货、由己方负责运输、提供有利条件或降价等。即使要作这些让步，也不能作得太快。

刚柔相济的“太极手”

“太极手”是一种刚柔相济的武术套路，面对气势汹汹的对手，使用者常常采用卸力、甚至借力打力的技巧来应付。所谓的四两拨千斤，就是这个道理。

其实，这种技巧，在谈判桌上也常常使用。而且越是高明的谈判者，越是擅长以柔克刚，将对手凌厉无比的“招数”化解于无形。

一、让对手“一拳打在棉花上”。

假如谈判一开始，对方提出各种要求，并渐渐超过了我方所能承受的程度。你对他晓之以理、动之以情，却完全没有用，你怎么办?

这时候，你不妨摆出客观上的障碍，表示自己实在力不从心、爱莫能助。让对方打过来的“老拳”无从着力——客观条件不允许，你还能怎么样?

客观上的障碍很好找，比如技术力量、权限、资金等，也可是法律、制度、纪律、惯例和形势等。这样一来，对方就会意识到再磨下去也是白费劲，只好收回条件。

二、借力打力，让对手否定自己。

如果在谈判中，对方提出的要求太过分、或者不分青红皂白地横加指责，你最好不要直言反驳，更不要拍案而起、反唇相讥。因为这正中了对手的圈套，他们的本意就是要激怒你——愤怒可以让你失去理智。

面对这种情况，一个精通“太极手”的谈判者，一定会使出借力打力的绝招来——先不马上答复，而是旁敲侧击地提出一些经过构思的问题，诱使对方在回答中不知不觉地否定自己原来提出的要求或观点。这样，对方挥出了拳头，最后发现打的是自己。

三、先承后转拒绝法。

人们的某些要求被对方拒绝时，或多或少都会因自尊心受损而感到不舒服。作为必须表示拒绝的一方如果要把因拒绝留在对方心灵上的阴影减少到最低限度，应尽量避免以直接否定、全盘拒绝的语气去表达，以防止对抗心理的发生。

我们应从人们通常所具备的期望得到自尊、理解的心理需求出发，先从对方的意见中找出双方均不反对的某些非实质内容，从某个适当的角度予以肯定与认可，摆出其中的共同点，表达对对方的理解与尊重（先承）；然后再对双方看法不一致的内容进行比较平静与客观的阐述，以启发和说服对方。

这样一来，由于对方先获得了被尊重、被理解的心理满足，双方心理上的距离拉近了，当后来被拒绝时，会感到我方比较通情达理，因而被拒绝而引发的心理不协调就会大大削弱。

四、围魏救赵拒绝法。

即当对方提出我方所不能接受的要求或意见时，我方不受对方的牵制，不采取直接拒绝或反对的方式，而是针对前边的谈判中对方拒绝我方意见的某些要害问题，以攻为守，再次要求对方退让，使对方因反处于被要求给予理解的位置而忙于招架。这一来，如果对方坚持不能退让，也就不得不主动放弃要求我方做出较大退让的要求了。

五、补偿安慰拒绝法。

在谈判中，有时我方对某些贸易成交寄予较大希望、志在必得，但在某些条款上对方要求太高，我方无法接受。考虑到如果斩钉截铁地一口拒绝对方，会损害谈判的气氛，甚至激怒对方而导致谈判破裂，使我方的希望全部落空。

为避免这种情况出现，我们可以采用这样的一种技巧——就是在答复拒绝的同时，在心理需求和物质利益上、在我方所能承受的范围内，给对方以其他方面的适当补偿，以缓解对方因失望而带来的心理不平衡。

六、委婉暗示拒绝法。

就是不直接用语言明确地拒绝对方的要求，而是以各种比较含糊的语言方式或表态势，来向对方传递我方不能接受的信息。

七、边谈边打的战术。

谈判中，讨价还价再加上实际行动，才能取得良好效果，所以有经验的谈判者常常采用边打边谈、双管齐下的策略。

在劳资谈判中，这个策略一直是行之有效的。劳方为提高工资、改善劳动条件，一方面同资方进行谈判，另一方面通过连续不断地举行罢工，来加强自己谈判的筹码。一次洛杉矶的大罢工可以让底特律的资方管理当局明白，汽车工人们对某个问题持非常强烈的看法，只有采取妥协的方法才能避免由于再次罢工而造成的损失。其他方面的情况也是如此。

显然，场外的行动可以加强场内谈判的力量，给对方造成压力。通常情况下，卖方向买方施加压力的方法有：

1. 制造舆论，例如价格在近期可能上涨。
2. 让对方知道，材料、配件紧张，需要定量供应。
3. 当买方急需这批货物时，放出消息说卖方有资金困难，要暂时停产。
4. 与其他买方商量，并告诉原买方，将与其他买方做一宗大生意。
5. 和其他卖方联合行动。

买方向卖方施加压力的办法有：

1. 同其他卖方接触并洽谈生意。
2. 安排卖方与其他竞争者相聚，等候与买方谈判。
3. 送新的估价单给其他卖方。
4. 向卖方表示自己的上司对拖延感到十分恼火。
5. 直接找卖方的上司商谈。
6. 在讨论订单时，拒收某批货物。
7. 拿出新方案给卖方看，并告诉对方，由于这项变动可能会取消已订的货物。
8. 向卖方表示宁愿自己生产，因为这样才合算一些。

在商品供过于求的情况下，卖方处于相对被动的境地，因此要施展边打边谈的策略有一定难度。若处理不当往往会弄巧成拙，断送成交的机会，所以一定要慎重行事。

相反，在商品供不应求的情况下，卖方处于主动的地位，但这种时候，采用边打边谈的策略也要有分寸，不要逼人太甚。

在形势复杂的谈判桌上，战术技巧的隐蔽性常常带来巨大的成功。

增强战术技巧的伪装，在对方不知不觉中实施你的转换策略，一方面明修栈道，另一方面暗度陈仓。在你敏捷的思维攻击性面前，不给或尽量少给对方仔细斟酌、思考的时间，对方一方面要紧跟你的思维路向，另一方面又穷于应付，在迫使对方迅速做出反应时，自然能起到使对方不知不觉中否定自己的效果，从而取得谈判成果。

谈判中的声东击西，成功的关键在于要把重点集中于造成对方的错觉。这种错觉一旦形成，对方很可能对此做出错误的或违反事实本来面目的判断。然后再突然发出一个意义不同的信息，使对方措手不及。

在谈判中，一般在以下情况使用声东击西这一策略：

1. 试探对方，以便了解更多的情况，为以后真正的谈判做一些准备。

2. 作为一种障眼法，迷惑对方、转移其注意力、延缓对方所要采取的行动。

3. 稳住对方，不让他手中的货物脱手或向另外的卖方购货。

4. 缠住对方，将其拖得精疲力尽，然后乘虚而入。

如果谈判对手采取声东击西的策略，应该引起警惕。一些老练的谈判者往往在一开始就问自己：这次谈判对方是不是采取声东击西的策略？如果看出了对方的伪装手段，那就要及时采取必要的对策。

“装聋作哑”的谈判战术

在谈判中，正确的答复未必是最好的答复。应答的艺术，在于知道什么应该说、什么不应该说。对有些问题不值得答复、可以表示无可奉告、或置之不理、或转移话题；对有些问题，回答整个问题倒不如只回答问题的一部分，对有些问题不能作正面回答，可以采取答非所问的回避方式。这类应答方式，称之为躲避式应答。

谈判中，回答对方的问题之前，要让自己获得充分思考的时间。为了争取充分的时间，可以请对方澄清他所提出的问题。如：

“请您把这个问题再说一次。”

“我不十分了解您的意思。”

也可以借“记不太清楚了”“资料不够完备”“我们对这个问题尚未做认真的考虑”等话来拖延答复的时间。

还可以往领导或权威人物那里推托，或者让自己的助手做一些无关紧要的、非实质性的答复。总之宁可装聋作哑、大智若愚，也不能自作聪明、给人抓住把柄。

一位哲人曾说过：“话说得太多，总会说出蠢话来。”谈判者应牢牢记住这句至理名言。

谈判中“装聋作哑”的基本方法是：顾左右而言他。即对对方提出的问题不作正面回答，故意躲躲闪闪、答非所问，以此来争取时间，调整自己的思路，或以此来回避自己难于回复的问题。

运用“装聋作哑”谈判技巧的常用词语有这么一些：

“这个问题么，要看……而定。”

“对于这件事情，我没有直接经手，但我听说是这样的……”

“结论先不忙下，还是让我们谈谈事情的经过吧。”

“在我回答这个问题之前，你必须先了解一下历史的渊源，那是开始于……”

“那不是‘是’或‘否’的问题，而是程度上的多少问题。”

“这是一个一般性的问题，通常的处理方法是……”

“你的问题太咬文嚼字了，好像一个玩弄文字游戏的教授。”

“你应当知道，事情绝非这一个原因，还有许多因素能导致这种后果，比方说……”

“我不想回避这个问题，但是……”

“我不想谈论这个问题，因为……”

“这是一个专门性的问题，让我们下次专门讨论一次吧！”

“请把这个问题分成几个部分来说。”

对对方提出的问题佯装没有听见，当然就用不着回答了。

讨价还价的技巧

谈判的最后阶段一定会涉及到讨价还价，这才是整个谈判的关键。很明显，对方期望的目标越高，对我方越不利。

比如你去买东西，如果卖家的期望值很高，成交价格就很难降低。因此，你要想降低卖家的要价，首先要降低他的目标。而给他的商品挑剔毛病，则不失为一个很好的办法。我们不妨来看看下面的例子：

苹果熟了，果园里一片繁忙景象。

一家果品公司的采购员来到果园，果农接待了他。

“多少钱一斤？”

“8角。”

“6角行吗？”

“少一分也不卖。”目前正是苹果上市的时候，这么多的买主，卖主显然不肯让步。

“商量商量怎么样？”

“没什么好商量的。”

“不卖拉倒！死了张屠夫，未必就吃混毛猪！”

几句话说呛了，买卖双方不欢而散。

不久，又一家公司的采购员走上前来，先递过一支香烟，问：“多少钱一斤？”

“8角。”

“整筐卖多少钱？”

“8角一斤就是整筐的价格，零买不卖。”卖主仍然坚持不让。

买主却不急于还价，而是不慌不忙地打开筐盖，拿起一个苹果在手里掂量着、端详着，不紧不慢地说：“个头还可以，但颜色不够红，这样上市卖不上价呀。”

接着伸手往筐里掏，摸了一会儿摸出一个个头小的苹果：“老板。您这一筐，表面是大的，筐底可藏着不少小的，这怎么算呢？”他边说边继续在筐里摸着，一会儿，又摸出一个带伤的苹果：“看！这里还有虫咬，也许是雹伤，您这苹果既不够红，又不够大，有的还有伤，无论如何算不上一级，勉强算二级就不错了。”

这时，卖主沉不住气了，说话也和气了：“您真的想要，那么，您还个价吧。”

“农民一年到头也不容易，给您6角钱吧。”

“那可太低了……”卖主有点着急，“您再添点吧，我就指望这些苹果过日子哩。”

“好吧，看您也是个老实人，交个朋友吧，6角5分一斤，我全包了。”

至此，双方终于成交了。

第一个买主遭到拒绝，而第二个买主却能以较低的价格成交，这里的关键在于，第二个买主在谈判中，采取了“吹毛求疵”的战术，说出他压价的道理。

在讨价还价时，如果能将对方的商品挑出一大堆毛病来，比如从商品的功能、质量到商品的款式、色泽等方面吹毛求疵，这样，就等于向对方声明：瞧你的商品多次。对方的要价就会成为空中楼阁。

再看下面这个例子：

卖主：“鸡蛋一斤 2.2 元，这是市场统一价格。”

买主：“是市场统一价格，但不合乎市场统一质量要求。”

卖主：“你凭什么这么说？”

买主：“你的鸡蛋不是鲜蛋而是陈蛋。你看，你的鸡蛋的空头比人家的大得多；你的鸡蛋颜色有些发乌，而人家的鸡蛋颜色鲜明；你的鸡蛋蛋壳光滑，而人家的鸡蛋蛋壳粗糙。这些都说明你的鸡蛋是陈旧的，不但味道不新鲜，还难以贮存。你的鸡蛋同人家的怎能相比呢？ 1.6 元怎么样？”

卖主：“1.6 元太低了，1.8 元一斤吧。”

谈判者要讨价还价，就要了解一些有关商品的技术知识，了解商品的类别、型号、规格、功用及商品构造原理，懂得商品鉴别和选择的方法与技巧。只有掌握了商品的有关技术知识，才有助于给商品进行正确的估价，避免在谈判中吃亏上当。而你对对方商品吹毛求疵，才能挑到点子上，使对方服气。

有时，谈判中为了虚张声势，也需要采取吹毛求疵的战术，使对方知道你是精明的。谈判中吹毛求疵，要击中对方的要害，要有突破的重点。抓住对方商品质量的某一方面，找出充分证据，进行深刻的分析。

如果你在吹毛求疵时，抓不住重点、击不中要害，不但不足以说明问题，而且会引起对方的怀疑，以为你在故意刁难他。这样，谈判就很难进行下去了。

还有，谈判中不能对任何商品都采取吹毛求疵的方法。对一些优质产品、名牌商品，就不能一味贬低。对某些商品的贬低如果过火，可能会引起对方的反感，甚至会激怒对方。而出现这种结果，对谈判的顺利进行是不利的。

若从相反的立场来说，卖主如何对付这种吹毛求疵战术呢？

1. 必须很有耐心，那虚张声势的问题及要求自然会渐渐露出马脚来，并且失去影响力。

2. 遇到了实际问题，要能直攻腹地、开门见山地和买主私下商谈。

3. 对于某些问题和要求，要能避重就轻或视若未睹地一笔带过。

4. 当对方在节外生枝，或作无谓的挑剔或无理的要求时，必须及时提出抗议。

5. 向买主建议一个具体且彻底的解决办法，而不去讨论那些没有关系的问题。

让对方不停地说“是、是”

一个“不”字的反应，是最不容易克服的障碍。当一个人说出“不”字后，为了自己人格的尊严，他就不得不坚持到底。事后，他或许觉得自己说出这个“不”字是错误的，可是，他必须考虑到自己的尊严。他所说的每句话，必须坚持到底，所以使人在一开始的时候，就往正面走，那是非常重要的。

有说话技巧的人，开始的时候就能得到很多“是”的反应，唯有如此，他才能将听者的心理往正面的方向引导。

希腊大哲学家苏格拉底，是个风趣的“老顽童”，他一向光脚不穿鞋。40岁时已秃顶光头，可是，却跟一个19岁的女孩子结婚。他对世人的贡献，有史以来很少有人能跟他相比。他改变了人们思维的途径，直到今天，还

被尊为有史以来最能影响世界的劝导者之一

他运用了什么方法？他曾指责别人的过错？不，苏格拉底绝对不是这样做的。

他的处世技巧，现在被称为“苏格拉底辩论法”，就是让对方不停地说“是、是”。他提出的问题，都是他的反对者所愿意接受并且同意的。他连续不断的获得对方的同意、承认，到最后，使反对者在不知不觉中，接受了在数分钟前他还坚决否认的结论。

假如你现在是推销员，试着用这个办法来推销一件商品：

你：“您不想购买这件商品吗？”

客户：“是的。”

你：“您认为，它对您没什么用处，对吗？”

客户：“是。”

你：“如果我能证明，这件商品对您很有用处，您就会把它买下来，我可以这样理解吧？”

客户：“是，如果你真能证明的话。”

接下来你要做的，就是找出卖点，向客户说明该商品对他很有用处。然后——

你：“现在，您是不是觉得，这件商品对您很有用？”

客户：“是……是的。”

你：“那么，您考虑买一件、还是两件？”

虽然真实的推销没这么简单，但却提供了一个思路。下次当我们被拒绝时，要记住赤足的苏格拉底，并且问一些能够获得对方“是、是”反应的缓和问题。

如果你要获得人们对你的同意，那就要使对方尽量回答“是……是……”。

就以人们的心理状态来讲，当一个人说出“不”字时，同时他心里潜伏着这个意念，而使他所有的器官、腺、神经、肌肉，完全结集起来，形成一个“拒绝”的状态。如果反过来说，当一个人回答“是”的时候，体内那些器官，没有收缩动作的产生，组织是前进、接受、开放的状态。所以，当一次谈话开始的时候，如果能够诱导对方说出更多“是”，我们以后的建议或意见，就比较容易获得对方的认同。

得到这个“是”字的反应，本来是种极简单的方法，可是却常被人们所忽略了。在有些人的心目中，好像一开口就说“不”，就开始反对，才能显示自己的存在，才能突出自己的地位和重要。激烈的人和守旧的人谈话，一般情况都容易使另一方面发怒。如果这样做的收获只是为了感官快感，或许还情有可原；如果为了完成一件事，那就划不来了。

运用“是”的方法，纽约一家储蓄银行的出纳员成功地拉住了一位阔气的存户——

这个出纳员叫艾伯逊，他是这样介绍情况的：

这人进银行来存款，我按照规定，把存款申请表格交给他，有的项目他马上就填写了，可是有的项目他拒绝填写。

这事如果发生在以前，我会告诉那位顾客：“如果你不把表格填上，那我就拒绝你的存款要求。”很惭愧，我以往都是这样做的。当然，每当说出这种具有权威性的话后，我就会感到很自重、很得意。

但那天上午，我就运用了一点实用的知识，我决意不谈银行所要求的，而谈些顾客方面的需要。最主要的，我决定使他一开始就说“是、是”。我说，我的意见跟他完全一样，他既不愿填满表格，我也认为并不“十分”必要。

我对那位顾客说：“如果出现什么事情，你有钱存在银行里，你是不是愿意让银行把存款转交给你最亲密的人？”

客人马上回答：“当然愿意。”

我接着说：“那么，你就依照我们的办法去做如何？你把你最亲近的亲属的姓名、情况，填在这份表格上，如果出现什么情况，我们立即把这笔钱移交给他。”

那位顾客又说："是，是的。"

那顾客态度软化的原因，是他已知道填写这份表格完全是为他打算。他离开银行前，不但把所有情况都填在表格上，而且还接受了我的建议——用他母亲的名义，开了个信托帐户。有关他母亲的具体情况，也按照表格详细填上。

我发觉使他一开始就说"是，是"，我们之间就没有机会为了填表格的事而发生争执，并且顾客很愉快的依我的建议去做。

获得"是"的反应，原是一个非常巧妙的技巧，但是有许多人却把它忽略。一般说来，大多数人都喜欢一开头就反对人家的意见，那样才可以显出自己的卓越和重要。当一位激烈的朋友和一位守旧的朋友谈论起来，会立刻使守旧的朋友大怒。事实上他发怒有什么好处？除非他的目的是因为惹怒一个人，可以使自己心里舒服一点；否则，如果他是想借此完成一件谈判，这样做真是笨透了！

林肯告诉我们："在我们开始辩论的时候，首先要找出一个对方赞成的共同立场，这就是获得胜利最好的方法。"还有一个推销员爱力逊的故事：

在我负责的推销区域内，住着一位有钱的大企业家。我们公司极想卖给他一批货物，过去那位推销员几乎花了10年的时间，却始终没有谈成一笔交易。我接管这一地区后，花了3年时间去兜揽他的生意，可是也没有什么结果。

经过13年不断的访问和会谈后，对方才只买了几台发动机，可是我希望——如果这次买卖做成，发动机没有毛病的话，以后他会买我几百台发动机的。

发动机会不会发生故障？我知道这些发动机是不会有任何故障的。过了些时候，我去拜访他。我原来心里很高兴，可是我似乎是高兴的太早了点儿，那位负责的工程师见到我就说："爱力逊，我们不能再多买你的发动机了。"

我心头一震，就问："什么原因？难道我们的发动机有什么问题吗？"

那位工程师说："你卖给我们的发动机太热，热得我的手都不能放在上面。"

很显然，他是在找借口，还是不想买我们的发动机。只要有一点常识的人都知道：要将手放在正在运行的发动机上，根本就是不可能的。

我知道如果跟他争辩，不会有任何好处的，过去就有这样的情形，现在，我想运用让他说出"是"字的办法。

我向那位工程师说："史密司先生，你所说的我完全同意。如果那发动机发热过高，我希望你就别买了。你所需要的发动机，当然不希望它的热度超出电工协会所定的标准，是不是？"他完全同意，我获得他第一个"是"字。

我又说："电工协会规定，一架标准的发动机，可以较室内温度高出华氏72度，是不是？"

他说："是的，可是你的发动机却比这温度高。"

我没和他争辩，我只问："工厂温度是多少？"

他想了想，说："嗯，大约华氏75度左右。"

我说："这就是了。工厂温度75度，再加上应有的72度，一共是147度。如果你把手放进145度的物体上，是不是会把手烫伤？"

他还是说："是。"

我向他做这样一个建议，说："史密司先生，你别用手碰那架发动机，那不就行了！"

他接受了这个建议，说："我想你说的对。"

我们谈了一阵后，他把秘书叫来，为下个月订了差不多3万元的货物。

爱力逊费了多年的时间损失了数万元的买卖，最后才知道争辩并不是一个聪明的办法。应该充分了解对方的想法，设法让对方回答"是，是"，那才是一套成功的办法。

第十天

当众演讲：声情并茂感动听众

演讲家是当今最风光的职业之一，看看那些高级培训师、成功学家们，哪一个不是言辞凌厉，能说善道的高手。他们在讲台上挥洒自我，赢得不仅是掌声和鲜花，还有丰厚的经济回报。即使在学校里的班级竞选中，甚至也少不了演讲的声音。

当众说话的法则

不少人在一对一的讲话中，可以很大胆地高谈阔论。可一到人多的地方、公共场合，他就卡壳了，瞪着眼睛、满脸通红、大脑一片空白、不知道该怎么张嘴……

比如，在一次集会上，有人在你的肩头轻拍一下，让你说几句话。你可能事先一点准备都没有，可是这种事情突然来了。有时候，你或许正在轻松愉快地欣赏主持人的讲话，可是忽然发现他在叫你，很多人都转头朝你的方向望，你可能还没弄清怎么回事呢，可是主持人已经在介绍，说你是下一个要讲话的人。

遇到这种情况，人的心思很容易慌乱。这时候，最需要做的就是保持平静。在这个节骨眼上，千万不能惊慌失措。你可以先向主持人致意，说上两句客气话，以便获得一个喘息的机会。然后，你就可以按照下面提出的法则，发表你的当众讲话了。

一、说出自己的心里话。

一个人的亲身经历，经过自己的选择和深化，往往会形成一种独到的东西。这种东西一般都能够为很多人接受，属于“下里巴人，和者盖众”。因为是自己最熟悉的，所以都能够很自然地表达出来。

中央台有个电视节目叫《实话实说》，收视率很高。在这个节目中，主持人请观众发表谈话的方法很有意思，很容易吸引人们的注意。

需要注意的是，这些观众都不是职业演讲家，也从来没有经过口才的训练，其中不少人的语言表达能力很差，并且说的都是大白话、没有什么修饰。可是他们说的话都很有趣，说话时几乎没有恐惧感，善于抓住观众的注意力。

那么，这些人为什么获得这样的效果呢？

其实这里面的原因很简单，他们谈的都是自己的心里话，谈自己内心深处最真实的观点。也就是说，他们说的都是大实话。

在这些人的心目中，压根儿就没想到绪论、本文和结论这些格式，也不很注意用字遣辞或句型结构。他们能够获得观众的欣赏，因为他们完全专注于自己所要说的事情，都有一个观众喜欢的话题，能够很好地与观众沟通。并且说话都很真诚，能够让对方获得快乐。

你也许会发现，这个电视节目里观众说的都是自己身边活生生的故事，而这些事情都是他们很熟悉，且有自己独到的感悟。

二、能够举出生动的例子。

发言之前，可以先举些例子来帮助自己理顺思路，这样做的好处是很明显的。

第一，你能够从苦苦思索下一句的困境中解脱出来。这是因为，最容易复述的就是经验、就是例子，在当众说话的情况下，这种情况也是不会改变的。

第二，举一些例子，能够有效地把你逐步带进角色。实践证明，等你的例子还没有讲完，你的紧张情绪已经消失了，你就为自己熟悉主题找到了机会。这种方法是经验丰富的高手经常采用的。

第三，例子具有形象性，最容易获得听众的注意。

没有人喜欢说教，但人们对别人的故事往往很感兴趣。听众在聆听你举出的富有人情味的实例后，对你后面的讲话也会表现得兴致勃勃。

三、拿出激动听众的热情。

热情是可以互相感染的，特别是人多的地方，只要一点很小的火苗，就可以迅速点燃热情的火焰。一个激情四射的说话者，可以让周围的听众变得热血沸腾。

仔细观察一下你就会发现，在交谈着的人群里面，如果有个人忽然边说边指手画脚起来，那么他很快就会头头是道地说起来，有时候甚至还会口沫横飞、精彩至极。而且，这种人一开始就引来了一群热切的听众。

四、做好演讲前的准备工作。

一场成功的演讲，往往能给人留下极为深刻的印象。比如马丁·路德·金的《我有一个梦想》，至今让人津津乐道。但是你知道吗，这样精彩的演讲，绝不是信口道来的，它要经过演讲者细致精心的准备。

临时发挥固然重要，但准备的是否充分，才是演讲能否成功的关键。

1863 年，美国总统林肯要在葛底斯堡国家烈士公墓落成典礼上发表演讲。尽管他的演讲只有 10 个句子，600 余字，2 分多钟就可以讲完，但他认真准备了很久。先是构思，起草以后几经斟酌，还念给白宫里的工作人员听，请他们提出意见。直到演讲前一天晚上，住在葛底斯堡的旅馆房间里，他还做了认真的修改。

林肯的这篇演讲被后人评价为一次“完美无缺的演讲”，其讲稿是“一篇誉满全球的演说词”。林肯在葛底斯堡国家烈士公墓落成典礼上发表的演讲手稿，现在珍藏在美国国会图书馆，讲辞被铸成金字文，放在牛津大学，作为英语演讲的最高典范。

一般说来，演讲前的准备需要从以下几点着手：

一、仔细研究你要演讲的题目。

你可以列出与这个讲题有关的全部论点，然后将次要的、没有把握讲清的、可能会出现负面效应的论点删除，看看是否能准确、深刻、有针对性地表达题意。

二、搜集相关的材料，并进行构思。

做一次演讲，要大量搜集材料，并对这些材料应作筛选，将最鲜活、最切题意的材料留下。在此基础上开始全面构思。构思可从三个方面考虑。一是开头如何不落俗套；二是主体如何条理清晰、重点突出；三是结尾如何给人以启发。

一般来说：开头可以设置悬念、也可开宗明义宣明主旨。主体部分的构成方式一般有纵向深入式、并列铺陈式、对比因果式、迂回递进式等方式。结尾是启发人们思考的新起点，应有催人奋进力量，常见的有点主旨、作归纳、提希望、抒激情、作反问、发呼吁、述预见等等多种方式。

三、撰写演讲稿并修改。

撰写演讲稿时，一定要注意：语言既要有文采又要通俗一些，符合口语表达的习惯。内容要充实，有一定长度和深度。注意设置几个共鸣点，有几个引发趣味的句段，有几处必要的强调和重复。还要注意基调的确定、高潮段的安排是否适宜等。

四、进行试讲练习。

如果你要进行一次演讲，演讲稿也写好了，接下来该做什么呢？当然要先试讲，你总不能到时拿着稿子念吧？所谓试讲，就是“敌前练兵”准备上阵的过程，它是演讲成功的关键。一般来说，试讲的步骤是这样的：

1. 朗读练习。

将讲稿读数遍，并录音，然后复听，检测语音是否和谐、语调是否有表现力、语言的分寸感是否恰当等。听审很重要，因为构思时流动于脑子里的语言写到纸上，仍然是书面的东西，但听觉可能出现变异，要作审视性复听检测，可以作必要的修改、修饰。而且这样做也可加深印象，便于记忆。

2. 记忆，并分段演讲。

分记不要强记、死记演讲稿，将稿子“背”进头脑，讲稿就没有生命力了，而且上台后可能会因害怕忘词而更加紧张。所谓分记就是分段朗读，读一段，然后用自己的话讲一遍，讲时可以录音并复听。然后再读，再录音并复听，如此循环往复，一段一段地进行，最后整合。这样演讲内容和原文语句就印入自己的记忆，并融入自己的自如性语流之中，说起来不仅有现场感，也会有交流感。

3. 进行全文试讲。

尝试先将各段串起来，自言自语地说几遍，然后独立进行全文试讲。这时，镜子和录音机是你最好的“批评者”。值得注意的是，如果你抱着一种至诚之心来发表演讲，你一定会发现：自己当场所说的，一般都是精力充沛且效力无穷的，是有准备的演讲所不能及的。

以上是比较正规的演讲，如果你要去参加集会，也要做好即席演讲的准备。

参加集会之前，你最好分析一下：你是不是随时都可能被人请起来演讲？这种可能性有多大？如果可能性很大，最好在他人演讲时仔细留心，暗中准备着自己的意念和想法。如果时机一到，你就尽量把脑子里的东西浅显明白地叙说出来。因为你的观点事前已经准备好了，所以你只要简明扼要地加以叙述便可坐下。

此外，你还要学会站着讲话，这对你的演讲会有好处。总之，有了充分的准备，你在演讲中就会比较轻松，甚至一场比一场讲得精彩。

克服演讲的缺陷

当众演讲，最能展现一个人的口才。随着时代的进步，演讲已经成为当今世界最普及、最广泛的社会活动。改革开放以来，我国进入社会转型时期，全国性的演讲活动生机蓬勃地开展起来，它对推动政治文明、精神文明的建设与发展，发挥了非常积极的作用。

然而，并不是每个站在台上的人都真正懂得演讲。就算是那些最高明的演说家，刚开口演讲时也是经常失败，只不过他们不断总结经验，才取得最后的成功。

很多人之所以演讲失败，就因为存在着这样那样的缺陷。那么，演讲常见的缺陷有哪些？该如何克服这些缺陷呢？要解决这个问题，你需要从以下几点做起。

一、千万不要冷场。

1. 上台前，千方百计使自己处于放松的愉快状态。比如说开开玩笑、说说笑话，找一处安静的地方，诵读名篇名句、听一段音乐、看看画册，完全不想马上要登台演讲的事。这样做的目的是转移思想上的兴奋点，以调节心绪。

2. 即将登台，情绪仍要放松。方法是缓缓地吸一口气，使两肋张开，憋气数秒，再慢慢地把让你心神不定的气吐出来，吐干净，如此多做几次。注意：在做深呼吸时，什么也不去想，尽量让自己处于无意识状态。

3. 运用“精神胜利法”作心理暗示。想自己曾经获得过的成功，想自己的优势所在。好好地“自我肯定、自我欣赏”一番以后，稳住“我比你们强”的心理定势。在即将上台时，暂时藐视一下台下的听众，将他们看作是“一无所知”，只有“听我慢慢道来”，他们才有所收获。

4. 步上讲台的那一时刻，切莫期待什么“轰动效应”。想到的是：大局已定，只有“万念俱空”，全身心地投入演讲才有成功的希望。

5. 一开口，语调可以高一些。响亮有力的开场白一出口，既稳住了现场，也稳住了自己。讲的时候，要做到“思路先行”，以在登台前已经“定格”在脑子里的信号系统为依据，把握整体，大胆地、毫不犹豫地讲下去。当演讲进入良性循环的运转系统，演讲的成功已见曙光。

二、不要说得太过。

有的人总喜欢好大喜功，举一个很简单的例子来说明：

假定有一位汽车推销员，他每月销售业绩是二十部汽车，但本月份他只销售了十部汽车。如果，事先他已向上司报告说这个月由于其他车厂推出新型车，因此预测自己本月份只能卖出四五部汽车。如今卖出了十部汽车的这一事实，看起来就不再是一项缺憾而是一项突破了。但若他事先向上司表示“虽然这个月份车厂推出了新型车，但我至少可以卖出十四五部汽车”，则售出十部汽车的这项事实，就会被认为是一项“失败”！

三、可以带上几个专业词。

有时，当我们坐在车上或咖啡厅里，听到旁边有人说外国话或专业名词时，我们的目光往往会不由自主地去注视他们。这种现象就是记忆心理学上所谓的“凝离效果”。例如：我们若将一个特殊符号放在一大堆数字当中，则这个特别符号一定会特别醒目，这就是所谓的“凝离效果”。

当你追求女朋友的时候，如果常在谈话中加入一些外语，则对方往往会觉得你有学问。一旦感觉他有学问，对于这个人谈话的内容就会格外注意。反过来说，若常用这种方法，则不但凝离效果会越来越淡，并且反倒会使对方感觉谈话的人肤浅！如此不但达不到表现自己有学问的目的，反而会让对方留下坏印象，要适可而止。

四、不要轻易否定别人。

有时我们想否定一件事，往往会由于某些因素，使我们无法很干脆地否定，因为一不小心就可能又树立了另一个敌人！此时我们必须找借口来否定了。但若所找的借口又与自己有密切的关系时，虽然对方因此接受了我们的否定，但另一方面他同时也会感觉到直接被人否定的愤怒。

那么如何才能既不伤害感情又达到否定的目的呢？通常，若要真正地做到两全其美，是相当困难的。这里有一个比较理想的方法，你不妨试一试，那就是翻一翻历史，找一找历史名人们说过的话，是否有适合自己目前处境的名言。若有，则我们可借该名人的话，向对方表达自己表示的意思。例如我们可以用“孔子曾说……”的方式，来表达（暗示）自己目前的心境。这样一来，对方的感受往往也不会再那么强烈，而我们想要否定的目的就达到了。

五、结尾不要拖拉。

1. 结尾应该简洁，有话则长，无话则短，切忌画蛇添足、节外生枝，生怕听众听不明白。

2. 有的演讲者，在结束演讲时不考虑如何给听众完整的印象、不考虑结构的完整性、不考虑演讲的后果、便匆匆收尾，突兀生硬，让听众摸不着头脑。

3. 结尾是为主题服务的，离开了主题结尾也就失去了意义。有些演讲者一味地追求新奇，设计自认为十分得意的结尾，殊不知这种结尾已远离主题。如有些演讲者喜欢引用名言警句做结尾，如果引用得准确，对主题有服务作用；如果引用的名言警句与主题不符，就游离主题。

4. 有些演讲者在结束演讲时喜欢套用例行的客套话，以示自己的谦虚。其实，讲得好与坏、优与劣，听众心中自有评论，何必再说谦虚的话呢？

总之，一个成功的演说家要使自己的讲演对听众造成心理与感情上的冲击，要通过不断变化声音的方式，使你的表达更为生动、强劲和富于弹性。同时还要强调要点，不重要的跳过去。这全靠平时的努力和辩前的充分准备。没有这些临场应变的重要前提，是不可能处变不惊、从容自若的。

怎样与听众作好沟通

一名演讲者在演讲过程中，与听众进行心灵上的沟通作用很大，有助于说话者很快进入角色，缩短与听众之间的距离。沟通的方式是很多的，下面谈些最常见的方法：

一、学会和听众“拉关系”。

在演讲过程中，最好的方法是，一开始便指出你与听众之间具有某种关系。

英国首相哈罗德·麦克米兰曾经在美国的印第安纳州德堡大学向毕业生讲话，他是这样开头的：“很感激各位亲切的欢迎辞，我身为英国首相，应邀前来贵大学，实非寻常等闲之事。不过我觉得，本人当前的政府职位，恐怕不是各位盛邀的主因。我的母亲是美国人，出生于印第安纳州，而我父亲则是德堡大学首届毕业生之一。我可以向各位保证，我深以与德堡大学有关联为荣，并以与各位是同乡为幸……”

开头的这几句话便打开了与听众交流的通道，这是最简明而真诚的。麦克米兰提到美国学校，以及他母亲和身为先驱的父亲所熟悉的美国式生活，马上就替自己赢得了友谊，也使自己很快进入了演讲角色。

二、尽量多使用“你”。

要吸引听众的注意力，比较有效的方法就是使用“你”而不要用“他”或“他们”。使用这种方法能够让听众经常维持在自我感觉的状态中，有一种身临其境的感受。

有人以《硫酸》为题发表演讲，他说道：

硫酸与我们的日常生活关系密切，因为在炼油时，必须使用大量的硫酸。

如果没有硫酸，你的汽车将无法行驶，你必须像古时候那样骑马或驾驶马车。不管是照亮你办公室的电灯，或是照亮你餐桌上的灯光，或是在夜晚引导你上床的小灯，如果没有硫酸，都将成为幻想。

你早上起床后，转开水龙头放水洗澡。你转的是一种镍质水龙头，在其制造过程中，也少不了硫酸。在制造你的搪瓷缸时也需要用到硫酸。你使用的肥皂可能是油加上硫酸处理而制成的……

在你没有和你的毛巾打交道之前，它就已经和硫酸打过交道了：你使用的梳子也需要硫酸处理，如果没有硫酸，一定制造不出来；还有，你的刮胡刀当初在制造过程中也一定曾经浸在硫酸中处理过……

你下楼吃早餐，如果你使用的杯子与盘子不是纯白色的，那更是少不了它。因为硫酸一向被用来制造镀金及其他装饰性染料。你的汤匙、刀子、叉子如果是镀银的，一定在硫酸中浸过。

就像这样，在每天当中，在每一方面，硫酸都在影响你。不管你到哪儿去，都无法逃过硫酸的影响。没有它，不但打不了仗，也过不了和平生活。因此，这种对人类极为重要的硫酸，实在不应该被一般民众所完全忽视……但很不幸的是，事实却是如此。

此人在演讲中巧妙地使用“你”，并把听众嵌入图画之中，因而维持了听众的注意力。不过，有时候使用“你”可能是很危险的。如果这个“你”不是在听众和演讲者之间搭建桥梁，增加友谊，而是挖掘鸿沟，造成分裂，那么你就不要使用这种方式进行说话。如果你以一个行家的身份居高临下地发号施令，对听众进行说教，那么就可能产生不良后果。遇到这种情况，你最好说“我们”，而不要说“你”。

三、让听众参与进来。

很多时候，让听众参与演讲，对自己尽快地进入演讲角色是有帮助的。这种方法的好处是，只需要使用一点点小小的表演技巧，就能够使听众跟着你的演讲思路前进，关注你的每一个词语。

如果你在台上演讲，台下听众没有被吸引，就如隔有一堵墙，那么你就要利用听众的参与来推倒这堵墙。在挑选听众来协助你展示某个论点时，听众对你的注意便会明显地提高。

比如你为了说明汽车在煞车后还需多大距离才能停住，你可以请前排一位听众站起来帮你展示汽车在不同速度之下，这个距离会有怎样的改变。

这个听众握着一条钢制卷尺的一端，顺着走道拉出十多米……

一般情况下，听众看着这个过程，便会全神贯注地听你演讲。其实，卷尺除了生动地展现你的论点外，还是沟通你与听众的道具。如果能够让听众参与，听众就成了你的合伙人。而不是你信息传递的对象了。

巧设悬念，一开头就吸引听众

俗话说：万事开头难。演讲是一个信息传播和反馈的过程，如果开头传播不顺利，会极大影响到反馈的质量。反之，如果有一个精彩开头，也就获得了先机，就会把传播和反馈的管道一下子打通，其意义不言而喻。

因此，要使你的演讲先声夺人、引人入胜，就要有个好的开头，而设悬念激发听众兴趣就是一个非常有效的办法。所谓悬念，是人们急切期待明白某种事物的发生、发展和结局的心理状态。演讲时巧设悬念，可以勾起听众的迫切期望和悬念意识，使听众产生浓厚的探究心理和倾听兴趣。具体来说，设置悬念的方法主要有以下几种：

一、以惊人的结果构成悬念。

以倒叙方式布局的演讲，常采用这种思路设置悬念。听众被惊人的结论所吸引，就会进一步去研究这个结论是根据什么得出来的。所谓惊人的结果，不外乎是一些别人难以企及的成就、英雄的壮举、伟大作品的诞生。下面就是一篇演说的开头：

在 82 年前，也正是这个时候，伦敦出了一本被社会公认为不朽的小说杰作，很多人都称它是“全球最伟大的一本小说”。当该书出版之初，伦敦市民在街头巷尾，朋友相遇，都要彼此问一声：“你读过这本书吗？”答案一定是：“是的，我已经读过了。”

这本书出版的第一天，便销出 1000 册，两星期内共销出 15000 册。自然，以后又再版了许多次，世界各国都有了译本。在几年前，大银行家摩根用高昂的价格，买到了这本书的原稿，现在这本原稿和摩根其他的无价宝物一并陈列在纽约市的美术馆中。这一部世界名著是什么呢？就是狄更斯所著《圣诞颂歌》。

这篇演说的开头非常成功，它一开始就引起听众的注意，并且还使这种兴趣逐步增大。为什么会这样？就是因为它勾起了你的好奇心，使你的心情仿佛悬在半空中一样。

二、用实物来刺激听众注意。

在一个古钱币展览会上，一位男士用两个手指捏了一枚钱币，高举过肩，这自然使观众都向他手上的钱币看。然后，他才开始演讲："在场的诸位，有没有人在街上捡到过这样的钱币？"接着，他开始讲述这枚钱币的珍稀和他的收藏经过。

拿一些实物来给听众看，这是引人注意的一个最容易的方法。这种实在的刺激物，有时在一些知识程度较高的听众面前，也会产生很好的效果。

三、以故事导入话题。

人们大都是爱听故事的，一般人尤其爱听演说者述说有关他自己亲身经历的故事。已故的美国著名牧师康维尔，曾把他的那篇《遍地黄金》演说了6000次之多。这篇著名演说是这样开头的：

1970年，我们沿着土耳其底格里斯河顺流而下，走到巴格达城时，便雇了一个向导，领我们去看西坡里斯、巴比伦……

接着他把这个故事逐步讲了出来。这是能够抓住听众注意力的最好开端，这种开端，十分简单明白，非常容易成功。它灵活轻松，能使听众不知不觉地随着它走，因为他们都希望知道后来发生了些什么事，都会平心静气地听他讲下去。

四、突兀的提问构成悬念。

问题，总是听者所关注的，特别是那些与听者的工作、生活密切相关的问题。所以，问题本身就是悬念。问题提出得越突兀，悬念的吸引力就越强。请看下面的例子：

某大学举办写作知识讲座，主讲老师在谈到细节描写时。首先提出了一个问题："请问同学们，男生和女生回到宿舍时，摸钥匙开门的动作有什么不一样呢？"

台下的大学生们活跃起来了，有的私下议论，有的举手回答，有的干脆掏掏口袋，模拟一下自己回宿舍时找钥匙的动作。主讲老师让同学们议论一阵后说："据我观察，大多数的女生在上楼梯时，手就在书包里摸摸索索，走到宿舍门口，凭感觉捏住一大串钥匙中的那一把钥匙，往锁孔里一塞，正好门开了。而大多数的男生呢？他们匆匆忙忙地跑到宿舍门口，'砰'的一脚或一掌，门不开，于是想起找钥匙。摸了书包摸裤袋，摸了裤袋又摸衣袋，好不容易摸到了钥匙串，把钥匙往锁孔里一塞，打不开。原来钥匙摸错了。"

主讲老师的描述引起了会场上一片会心的笑声，老师趁势总结道："把男女生回宿舍摸钥匙开门的动作描述出来，就是细节描写，而细节描写的生动又来源于对生活的细致观察。"

这位老师先制造悬念——提出一个很突兀的问题，让学生探索问题的答案，然后解答悬念并抛出讲课要点，取得了很好的教学效果。

五、以新鲜、奇异的事物构成悬念。

新鲜、奇异的事物后面，隐藏着新事为什么新、奇事为什么奇的悬念。构思即兴说话的悬念，精心选择、运用新奇事实材料，可使悬念高高吊起读者的倾听“胃口”。

六、以鲜明的对比差异构成悬念。

对比差异就是矛盾，越是鲜明的对比，越是悬殊的差异，就越引人注目，就越能强烈地吸引听众去探究原因，去了解矛盾的发生、发展和最后结局。

七、以越轨、反常行为构成悬念。

正常的事人们不足为奇，超越常规，一反常理、常态的行为，人们就要感到好奇了。构思即兴说话的悬念，巧妙借助越轨、反常的事实材料，可收到出人意料、引人入胜的效果。

设置悬念的方法还有很多，可以运用与内容相联系的实物；可以运用突然发出、与主题反差较大的情感；可以运用听众一时难以回答上来的串词；可以运用带有夸张色彩的动作；可以运用录音、幻灯、录像设备等。

总之，悬念的产生，得益于一些事实存在的不合理性。突然将一些令人莫名其妙、迷惑不解的事情推到人的眼前，悬念就随即产生了。但应当注意的是，随着生活节奏的逐步加快，时间以分秒来计算了，因而，当今社会的演讲也要适应时代的这一特点，在演讲切入主旨之前，不要绕太大的弯子，不要把时间过多地花在讲一些与主题无关或关系不大的事情上，而应尽快打开场面，切入主题。

此外，在设置悬念的时候，还要注意两点：一是要新奇，产生出人意料的效果；二是要形象，处在情理之中。到位，表达圆满自然。

让你的话更有煽动性

大凡成功的演讲，都有一个共同的特点，那就是直入人心、能够引起听众的共鸣。而要想做到这一点，演讲者的语言必须具有很强的煽动性才行。否则，如果你的话太平淡，听众是不会被打动的。比如，我们常见那些失败的演讲者，他们总是在重复别人的观点，空话、套话连篇，却很少表达真情实感。也就是说，他们不愿用自己的声音说自己的话！

演讲既是向听众传达信息，也是在进行感情的交流。优秀的演讲是情蕴于辞、情出于理、情发于声、情寓于意，是注重话语的煽动性的。

第二次世界大战时期，德、意、日疯狂肆虐，英国面临国土沦陷的危险。时任英国首相的丘吉尔临危不惧，向民众发表了的一次著名的演讲，他这样说道：

“我们绝不投降，绝不屈服，我们一定要战斗到底！我们将在法国作战，我们将在海上和大洋上作战，我们将不惜任何代价保卫我们的本土。我们将在海滩上作战，在陆地作战，在田野作战，在山区作战。我们宁愿让伦敦在地球上毁灭，也绝不投降！”

这篇演说极大地鼓舞了英国人民的斗志，很快传播到欧美反法西斯战场。据丘吉尔的秘书说，口授演讲稿时，这位年近古稀的首相“像小孩一样，哭得涕泪横流”。这篇演讲没有高深的理论，更没有华丽的辞藻，但它洋溢着炽热的爱国热情感人至深。澳大利亚前总理孟席斯评论道：“丘吉尔懂得，作为演讲，要想感动别人，首先要感动自己。”

美国作家马克·吐温的《我也是义和团》同样令人为之动容：

“……外国人需要中国人，中国人也需要外国人。在这一点上，我任何时候都是和义和团站在一起的。义和团是爱国者，他们爱自己的国家胜过爱别的民族和国家。我祝愿他们成功。义和团主张要把我们赶出他们的国家，我也是义和团，这也是我的主张……”

马克·吐温作为八国联军之一的美国的公民，竟义无反顾地站在被镇压的中国义和团一边，显示了他的政治良心和道德勇气。他的演讲见解鲜明独特，发出了正义之声。

米歇尔 1817 年在法庭上的辩词，有一段是这样的：

“我不想为自己辩护，我不接受辩护！我的身心都属于社会革命，并愿意为我的一切行动负责……我想树起一道火墙，阻止入侵的凡尔赛分子。我没有任何同犯，我的行动都是自发的……如果你们不是胆小鬼，你们就杀死我吧！”

这篇演讲慷慨激昂，米歇尔的每句话简洁而有力，毫不含糊，显示出献身正义事业、蔑视反动法庭的无畏气概。

在中国，闻一多的《最后一次演讲》更是大义凛然，充满了战斗的激情：

“今天，这里有没有特务？你站出来！是好汉的站出来！你出来讲！凭什么要杀死李先生！杀死了人又不敢承认，还要诬蔑人，说什么‘桃色事件’，说什么共产党杀共产党。无耻啊！无耻啊！这是某集团的无耻，恰恰是李先生的光荣！李先生在昆明被暗杀，是李先生留给昆明的光荣，也是昆明人的光荣！”

与闻一多充斥着火药味的演讲不同，在文化大革命中遭到迫害的曲啸，他的演讲却令人闻之落泪。在说到自己第一次蒙冤被捕时，他这样讲述：

“我爱人从她身上脱下一件背心，给我披上。当时我戴着手铐。我的孩子刚会在地上爬着走，不过一周岁的样子，还说不成几句完整的话。他总是摸我戴的手铐——银光闪闪的手铐，一边摸，一边说：‘爸，啥？爸，这是啥？’我怎么能告诉孩子这是手铐呢？这是关系到一家老小生死存亡的手铐啊……”

后来，曲啸历经磨难十多年，平反释放回来了。他说：“我们见面的时候，他们娘儿三个盖一条破被。三月天气，北方是很冷的。两个孩子光着脚，她也瘦得厉害。我说，玉芝，我接你们来了。她一听，傻了，直愣愣地站在那儿，一句话也说不出来……”

在演讲中，对感情的利用和控制，需要做到以下几点：

1. 讲者不动情，听者不动心。

情绪不到位不开讲，要尽快进入演讲的内容情境，此所谓“未成曲调先有情”。但是，感情应是自然地流露，切不要“挤情”“造情”“煽情”。

2. 感情传导重在和谐。

通篇不宜大起大落，要在一个统一基调中有起有伏，形成协调的整体。

3. 掌握分寸，注意感情的流量。

过度的宣泄会形成“感情的陷入”难以自拔。所以不可信马由缰。要把握感情的“阀门”，含蓄一些，宁可“收”一点，也不放纵。

这样说话更能感动听众

听众的反应是衡量讲话是否成功的标准。因此，选择话题首先要考虑是否能让听众产生共鸣。如果听众对此不感兴趣，尽管你讲得津津有味、口干舌燥也没人听，白白浪费唇舌。当众讲话要尽量选那些与听众关系密切、听众熟悉、能引起听众共鸣、能给人以启发的内容作为话题。

演讲家康维尔博士的《遍地黄金》不是一篇固定的机械式的文章。题目与主题始终不变，而其内容是随着他演讲地点的不同而变更的，用他自己的话说："我每去一个地方演讲，总是希望能早几天到达该地，使我有充分的时间去访问当地的邮政局长、理发师、报社经理和学校校长，然后去工厂、商店中和人们谈谈，借以彻底地明白当地的情况，了解人们的渴求与兴趣。"康维尔如此准备演讲，怎能不使人充满兴趣而热烈欢迎呢！

同时，在演讲中动之以情，激发众人内心深处的温暖情感，也将有助于扭转劣势。俗话说，"通情"才能"达理"，没有心理上的沟通作基础，即使有理，也达不到说服的目的：

有一天，一位老态龙钟的妇女前去面见林肯，哭诉自己被欺侮的经过。这位老妇人原是独立战争时期一位烈士的遗孀，每月靠抚恤金勉强维持生活。前不久，出纳员竟要她先缴出一笔手续费才能领钱，而这笔手续费竟高达抚恤金的一半，这分明是敲诈勒索。素有修养的林肯听完老妇人的泣诉后，怒不可遏，他安慰老妇人，并答应一定帮助她打赢这场官司。

法庭开庭后，因证据不足，所以被告矢口否认，情况明显对老妇人不利。轮到林肯发言，几百双眼睛盯着他，看他有没有办法扭转局势。

林肯并没有在老妇人的不幸上大做文章，而是用抑扬顿挫的嗓音，把听众引入对美国独立战争的回忆。他双眼含泪，用真挚的情感述说革命前美国人民所遭受的沉重苦难，述说革命志士在冰天雪地里战斗，为灌溉"自由之树”而流尽最后一滴血的事迹。突然间，他情绪激动，言词夹枪带剑，直指那位企图勒索烈士遗孀的出纳员。最后，他以巧妙的设问，做出精彩的结论：“现在，1776年的英雄早已长眠于黄泉，可是，他那衰老而可怜的遗孀，还在我们面前，要求我们代她申诉。这位老妇人从前也是一位美丽的少女，曾经有过幸福愉快的家庭生活，然而，她的丈夫为美国人民牺牲了一切，到头来却变得贫困无依，不得不向享受着革命先烈争取来的自由的我们请求一些援助和保护。试问，我们能视若无睹吗？”

这样一个问题，成功地触发了在场所有群众的同情心，在场的人眼眶泛红，都为老夫人掬一把同情之泪。有的捶胸顿足，扑过去要殴打被告；有的当场慷慨解囊。在陪审团的一致要求下，法庭通过了保护烈士遗孀不受勒索的判决。

说话是一个信息传播的过程，你只有在机械的语言中加入了真情，听众才可能被你的一番话感动。如果丝毫没有感情地说一件事，听众就无法感受到信息流中的特质。听众希望自己能被感动，所以，就让我们动情地来说吧。

美国黑人运动领袖马丁·路德·金的著名演讲《我有一个梦想》赢得了广泛反响和共鸣，就是因为他用真情的演绎，说出了群众的心声，使人民心中产生了强烈共鸣。他讲道：

“当我们行动时，我们必须保证向前进。我们不能倒退。现在有些热心民权运动的人，你们什么时候才能满足？

只要黑人仍然遭受警察难以形容的野蛮迫害，我们就绝不会满足。

只要我们在外奔波而疲乏的身躯不能在公路旁的汽车旅馆和城里的旅馆找到住宿之所，我们就绝不会满足。

只要黑人的基本活动范围只是从少数民族聚居的小贫民区转移到大贫

民区，我们就绝不会满足。

只要密西西比仍然有一个黑人不能参加选举，只要纽约有一个黑人认为他投票无济于事，我们就绝不会满足。

不！我们现在并不满足，我们将来也不满足，除非正义和公正犹如江海之波涛，汹涌澎湃，滚滚而来。

朋友们，今天我对你们说，在此时此刻，我们虽然遭受种种困难和挫折，我仍然有一个梦想，这个梦想是深深扎根于美国的梦想之中的。

我梦想有一天，这个国家会站立起来，真正实现其信条的真谛，我们认为这些真理是不言而喻的：人人生而平等。

我梦想有一天，在佐治亚的红山上，昔日奴隶的儿子将能够和昔日奴隶主的儿子坐在一起，共叙兄弟情谊。

我梦想有一天，甚至连密西西比州这个正义匿迹，压迫成风，如同沙漠般的地方，也将变成自由和正义的绿洲。

我梦想有一天，我的四个孩子将在一个不是以他们的肤色，而是以他们的品格优劣来评价他们的国度里生活。

我今天有一个梦想。

我梦想有一天，阿拉巴马州能够有所转变，尽管该州州长现在仍然满口异议，反对联邦法令，但有朝一日，那里的黑人男孩和女孩将能与白人男孩和女孩情同骨肉，携手并进。

我今天有一个梦想。

我梦想有一天，幽谷上升，高山下降，坎坷曲折之路成坦途，圣光披露，满照人间。”

要让听众对你所讲的东西产生共鸣，绝不仅仅是个话题选择的问题，还要有共通的情感和恰当的讲话技巧。马丁·路德·金的《我有一个梦想》之所以能引起人民的巨大反响，是因为它的话题、情感、技巧都达到了一个相当的高度。再看看列兰·史多是如何利用自己动情的讲演来打动听众，让他们支持联合国儿童救援行动的：

“我但愿自己再也不会目睹此情此景——一个孩子和死亡之间只差一颗花生。还有什么比这更凄惨的呢？我希望各位永远不会看到这一幕，也不必在事后永远活在这种悲惨的记忆里。如果一月里的某一天，在雅典被炸弹炸得一片废墟的工人区里，你曾听到他们的声音，见到他们的眼睛……可是，我所能留下的一切，只是半磅重的一罐花生而已。当我费力地打开它时，成群衣不裹体的孩子把我团团围住，疯狂地伸出他们的小手。更有许多的母亲，怀抱着婴儿你争我抢……她们都把婴儿举向我，皮包骨头的小手抽搐地伸向我。我尽力使每个花生都发挥最大用处。

在他们疯狂的拥挤之下，我几乎被他们撞倒。眼睛前只见几百只手：渴望的手、挥动的手、无望的手，全是瘦小的可怜的手。这里分一颗花生，那里分一颗花生。再在这里一颗，再在那里一颗。数百只的手伸着，乞求着；数百只眼睛闪着希望的光芒。我无助地站在那里，手中只剩个蓝色的空罐子……哎呀，我希望这种悲惨永远不会发生在你们身上。”

在列兰·史多动情的叙述中，听众的内心深处受到了巨大的震撼。

总之，想要用语言感动听众，一定要充满感情。你必须先感动你自己，不能感动自己的话尽量别说，因为它也很难感动别人。这也就是为什么有的台上激昂愤慨而台下痛哭流涕，有的台上平铺直叙而台下昏昏欲睡了。

注意你的表情和手势

当一个人站在台上演讲时，听众不仅仅要听你说话，更要看你的表情和手势。丰富的表情、多姿多彩的手势语言，同样能给听众留下深刻的印象。凡是听过列宁演讲的人，也许已经不记得他曾经说过什么话了，但一定会记得他那微微倾斜的身体、高高举起的右手。

可以说，表情仪态、动作风度，这些在演讲中与你说的话同样重要。

演讲者的面部表情不仅吸引注意指向、强化心理共鸣，也利用视觉补偿作用拓宽了语言信息传送的渠道。而优美的仪态、表情和动作也具有不可忽视的审美价值。当然，这些在很大程度上是一个人的气质、品格、修养的自然流露。

1. 英姿飒爽的站相。

演讲者站在讲台上，站姿一定要自然得体，不能太僵硬。比如，两手同时下垂会给人笔直僵硬之感，手腕和肘可微弯，也可运用不对称原理，一手稍前置，一手下垂；脚也可稍分开，或一前一后。你可以面对镜子调节站立的姿势。

2. 丰富、自然的表情。

有人问德漠斯蒂尼斯："演讲最重要的是什么？"这位古希腊著名演说家说："表情！表情！表情！"演讲者的表情，一定要丰富多彩，并与内容表达要完全合拍。同时，表情要自然而真诚，不要给人做作之感；也不要一味地"笑眯眯"，那样太单调了。另外下意识地吸鼻、伸舌、干笑或摸头发、卷衣角等，都应杜绝。

3. 生动明快的眼神。

有时候，眼睛说的话比嘴里说的话更丰富，确实如此。生动明快的眼神可以让别人从你"心灵的窗口"领悟到更多的信息。

民国时有个说唱的女艺人叫白牡丹，她的眼神相当厉害。她表演时，上得台来还未说话，只用温柔灵动的眼睛往台下一扫，原本闹哄哄的观众就会立刻安静下来。每个人都有一种感觉：白牡丹在看我呢！

4. 灵活多变的手势。

在演讲时，不同的手势，有不同的含义，非常灵活。如紧握拳头用力一挥，表示的是果断或恼怒等；如抬手一指，是要告诉人具体的方位、对象；食指与拇指接触并向前伸出，可表示“精确”等等。

要想灵活运用各种表情、眼神、手势，就必须多下些工夫去练习。

首先要勇于实践，适当模仿一开始不要怕有雕琢痕迹，可注意模仿一些有表现力的常见手势，并注意摸索自己的“招式”“套路”，不要多久，雕饰痕迹就会渐渐淡化、消失。其次，突破模式。勇于创新态势语要渐渐形成自己的风格，不要总是那几个动作，要敢于突破既定模式和习惯。体态与动作是紧密联系的，有时一个头部的摆动，身子一个有力的晃动，脚换一下站位等等，都可以是富有个性的感情流露。

最后要适时适度，富有变化运用手势应看对象，看内容。不要给人指手画脚的感觉，更不要搞令人啼笑皆非的刻意求奇，比如“兰花指”“剑指”之类。学术性演讲手势更应少些。

摆脱演讲“卡壳”的尴尬

有的人上台演讲，讲着讲着突然讲不下去了，脑子一片混乱，整个人几乎成了一截木头。那情形，就好像一架机关枪突然卡了壳，再也打不出子弹了。

其实，在演讲中出现“卡壳”，甚至讲不下去，并不是什么奇怪的事情，很多人刚开始演讲都会遇到这种情况。究其原因，有人说是因为生了“害羞病”，据说美国有个地方还设立一个“中心”专门治疗这种“病”。

此外，除了“害羞”，主要还是自信心不强造成的。另外准备不够充分，对观众、环境不太熟悉，不太适应，所以就非常紧张，不知不觉间背上了害怕失败的包袱，这些都是造成“卡壳”的直接原因。那么，该怎样摆脱“卡壳”的尴尬呢?

1. 调节心情，学会放松。

演讲能否正常发挥，情绪决定一切。首先，你必须放下一切包袱，调节好心情，使自己处于放松的愉悦状态。比如说说笑话，听一段音乐，看看画册等，都可以调节心绪。在上台的最后一刻，你可以做一下深呼吸，什么都不去想，这样自然就放松了。

2. 目中无人，心中有人。

面对黑压压的听众，有的人常常吓得浑身发抖、不知所措，这是“卡壳”的一个重要原因。为了克服这种恐惧，你不妨自我肯定、自我欣赏一番，做到“目中无人，心中有人”。你可以暂时“藐视”台下的人，甚至将他们看作是“一无所知”，只有听我慢慢道来，你们才会开“窍”。这样一来，你的恐惧感自然会消失。

3. 全身心地投入演讲。

当你步上讲台那一刻，千万别再想什么“成败在此一举”和“轰动效应”

了，你应该想的只有演讲本身，现在只有屏除杂念，一心一意投入演讲，才有可能成功。

4. 把话大声地说出来。

一开口，语声就要响亮一些，来个“先声夺人”。说话声音大了，自己也容易稳定下来。应该把握整体，思路先行，大胆地、毫不犹豫地讲下去。当你的演讲进入良性循环运转轨道的时候，演讲的成功便可以预见了。

5. 超前处置，沉着应变。

临危不乱，高超的应变能力是应对困境的有力武器。如果你预感要“卡壳”，可以超前减速，插入几句，力争绕过暗礁。如果脑子里记忆信号系统完全乱了，就要当机立断丢掉原来的框架，减慢讲速，边回忆边重新组织表达。如果无可挽回地忘词了，在语不成句以前可以把提示卡片拿出来，边看边讲。也可以在陷入窘境之前，将主要内容基本表述完就尽快地结束演讲，来个“见好就收”，切莫使演讲陷入恶性循环的泥淖。

以上介绍的只是一些临时性的“应急措施”，要想从根本上摆脱“卡壳”的尴尬，你需要做的还有很多。有道是“台上十分钟，台下十年功”，演戏是这样，演讲同样如此。你必须经过长期的训练，才能够不再“卡壳”，把自己的思想流畅地表达出来。

下面就介绍一种训练方法，也许对你会有帮助：

查理·卓别林和玛丽·皮克福几乎每晚都玩一种益智游戏，一共玩了两年。这种游戏就是演讲艺术里最困难的一种练习：站着思考。游戏是这样的：

每人各在一张小纸条上写下一个题目，并立刻站起来就那个题目说上60秒钟。同一题目从来都没有重复使用过两次。一天晚上，卓别林必须谈的题目是“灯罩”。你如果以为这个题目容易，那你不妨自己也试试。可卓别林觉得这个题目很难，不过，好歹他总算过了关。

特别重要的是，自从开始玩这个游戏以来，他们全都机敏了许多。对于各式各样五花八门的题目，有了更多的了解。比这更为有用的是，他们都学会了在瞬间能就任何题目即时凝聚自己的知识和思想，也因此学会站着思考的本领。

这种方法在很多口才训练班里是保留节目，每期总有那么几次。

在这种训练班上，学生经常都会听到："今晚给每人一个不同的题目，每人就这个题目进行演讲。要等到站起来说话时，你才知道自己的题目是什么，祝各位好运！"

在一次训练中，有个会计师发现自己的题目是讲做广告的事情，而一位广告销售员发现自己的题目是讲幼儿园，一位老师的题目是银行业务，而银行家的题目却是学校教学，伙计的题目是谈论生产，而生产专家的题目是讨论运输……

在得到题目的时候，不是垂头丧气，假装权威，而是认定这个事实。其次，经过一番思索，把自己的知识与这个题目恰当地结合起来，尽量发挥自己的长处。开始的时候，有不少人不尽如人意，可是他们都勇敢地站起来了，开口说话了！有些人认为简单，有些人觉得困难，可是他们都没有放弃。结果，他们发现，自己的表演比自己原先想象的要好得多。

这种方法，对任何人都是一种刺激，这种刺激能够使人兴奋。经过这样一番磨练，很多人都觉得自己居然有这种能力，能够发挥出如此的水平。这种训练的最大效果就是让人们发现自己原来不相信的能力。

使用这种方法训练不经准备的说话技巧效果最好。如果一个人能够获得更多的这种练习，那么，在遇到说话的时候，他就越能够驾轻就熟地应付可能发生的情况。

从自己身边的故事说起

在演讲中，如果能从自己身边的故事说起，往往更能吸引听众。反之，如果总是述说那些抽象的概念、理论，就像一个不怎么高明的教师在照本宣科，岂不让人生厌？而且，有些东西完全是老生常谈，别人耳朵都出老茧了，你还在那里说个不停，烦不烦啊？

事实证明，演讲者在叙述自己身边的故事，或者生活中的感悟时，多数情况下都会获得听众欢迎。然而，却很少有人这么做。因为，人们总是错误地认为，个人的经验太琐碎，也容易受到局限，并且不好归纳。他们宁愿慷慨激昂扯些一般性的概念、理论，这不仅仅能够显示出自己的“品位”，而且还很省事。

然而，那些概念、理论都是“阳春白雪”，多数人听不懂。就好像人在天堂在听天书，非但听不明白，而且那里空气稀薄，只有神仙才能自由活动，凡夫俗子是无法呼吸的。如此一来，天堂纵然看起来很美，听众也会呆不下去的。

概念、哲理太抽象了，但自己的故事却是形象的。形象的东西具有生动性，容易被人接受，而抽象的叙述往往比较枯燥，接受起来难度自然大一些。一般来说，很多人喜欢的是新闻，而不是社论，就是这个道理。

所以，如你能够从自己的经历开始，人们就很自然地成为你的忠实听众。

看看英国文学家吉卜林在开始政治演讲时，是怎样逗引听众大笑的吧。他所讲的并不是编造出来的故事，而是他自己过去的经历，并且是用一种戏谑的口吻来讲述的。他说：

“诸位，我在年轻的时候，住在印度。我常常替一家报社采访社会新闻，这工作是非常有趣的，因为它可以使我有机会去认识一些伪造货币、盗窃、杀人等这一类富有冒险精神的有才干的人。（听众大笑）

在我采访到他们被审判的情形后，我还要到监狱里去，拜望一下我们那些正在受罪的朋友。（听众又发出笑声）我记得，有一位因为杀人而被判无期徒刑的人，是一位绝顶聪明又善于说话的年轻人。他告诉我一段在他看来是他一生最重要的话：'我觉得一个人如果一失足跌入罪恶的深渊里，他一定会从此为非作歹不止，最后他竟以为只有把他人都挤到邪路上去，才能表现自己的正直。'（听众大笑）

这句话真是妙不可言！(听众的笑声和掌声同时响起）”

很显然，一个说话的人在叙述自己的生命感悟时，只要主题比较集中，不管感悟多琐细或微不足道，很多人都不会感觉枯燥乏味。

反之，如果你总是说别人的东西。就像一块馒头，别人已经咀嚼过了，你还拿出来送给听众。这样做，不但无味，而且恶心。有这样一个故事：

杰克逊要发表一次演讲，他在街上的报摊上买一份《弗贝杂志》。演讲的地点离家很远，需要乘坐地铁，于是他就开始阅读这本杂志上的一篇题为《十年成功秘诀》的文章。他所以读这篇文章，倒不是对此很感兴趣，而是希望看点东西来填补这段时间的空挡。

就在一小时后，他开始演讲，希望就这篇文章的内容临场发挥。可是因为看得很粗，几乎没有消化，还没有把“想要说”的东西变成自己的东西，更不要说把握了文章的精髓，所以他的整个仪态、音调都很明显地暴露出这一点。结果自然是很难打动听众的。为了弥补这种先天不足，所以他就不断介绍那篇文章，一会儿又作者如何如何，一会儿又作者这般这般。在他的演讲中，这篇文章占据了绝大部分时间，而杰克逊自己的东西实在是太少了。

他刚刚演讲完，在场的演讲家就说：“杰克逊先生，我们对写那篇文章的人是何方神圣，我们并不感兴趣，因为他不在这儿，我们也见不着他。可是，我们却对你和你的意见感兴趣。现在请你告诉我们，你想的是什么，不要谈别人说的是什么。把更多的杰克逊的看法放在你的演讲里，下星期请再说同样的题目，好不好？你再把这篇文章读一遍，细细地想一想，你是不是赞成作者的观点。你如果不同意这个作者的观点，你就在下一次演讲中告诉我们为什么。你今天反复引用的文章就是你的一个起点，你就从这篇文章开始来展开你自己的演讲。”

这位演讲家是很有经验的，因为杰克逊把这篇文章重新看了一遍之后发现，对作者的观点，他自己根本不同意。于是杰克逊从自己的记忆里搜索例证来证明自己的不同观点。

在第二个星期的演讲中，他以自身在银行当主管的经验来进行详尽的推演、扩展自己的意念，批评对方的观点。这次演讲充满了自身经历所获得的感悟，生动活泼，给听众以强烈的冲击，取得了很好的效果。

张口就来，培养即席发言的技巧

所谓即席发言，多是在毫无准备的情况下，对某一话题发表自己的看法，或在特定语境中表达某种感情、某种愿望。比如，老师讲课时让学生站起来回答问题，就是一种最基本的即席发言。很多人非常害怕遇到这种情况，因为他不知道该怎么应付。

一、即席发言的特点。

1．话题明确，针对性强。

由于即兴讲话一般是对近期或眼前情况的“有感而发”，这就使话题的内容限制在一定的范围内，显示其鲜明的针对性。所以选取的角度宜小，内容比较集中，议论求准、求精。

2．态度明朗，直陈已见。

即兴讲话是在有限时间内对现实话题所做的迅速的反应，所以一般是直截了当地表明自己的看法，褒贬分明，毫不含糊，很少山高水远地绕弯子。

3. 有感染力，有说服力。

即兴演讲注重临场发挥，但临场发挥并不是信口开河，要力求说在点子上，以内容的深刻精辟及其无懈可击的逻辑力量令听众信服，同时力求贴近生活实际，以饱满的热情感染听众。

4. 短小精悍，生动活泼。

即兴讲话常以简明扼要显其力度，并以亲切生动的表述给听众留下深刻的印象。但短小并不是空洞无物，恰恰相反，它要言之有物，信息密度大，应当实现思想性、知识性和趣味性的统一，显示出一种“磁性”。

二、做好即席发言的准备。

有人认为，即席发言“是不作任何准备的讲话”，这个说法是错误的。所谓的“无准备讲话”不是即席发言，那是信口漫话，或者叫信口开河。

其实，即席发言也需要有所准备，这种准备可以分为两方面：一是预测性准备；二是临场性准备。预测性准备是对现场可能说的话题、可能使用的演讲资料、可能面临的场合和面对的听众作一些预测，作一些思考和准备。如果即兴演讲是不期而遇的，是“突然”要你发表意见，这时不管临场时间多么短暂，即使一两分钟、两三分钟，也提供了宝贵的准备时间。这就是“临场性准备”。

当在你毫无准备的情况下被要求发言时，是希望你能够对某一个问题发表权威性意见。遇到这种情况，你要能面对现实，并决定在自己能支配的短短时间里说些什么。

比如在开会过程中，你应该做好讲话的准备：如果自己对此问题发表意见，自己应该怎么说才比较合适；自己的最适合的题目是哪些方面；对于别人的建议，应该用什么样的措辞，表示赞同或反对……

养成了这样的习惯，你就会不断地思考问题。这样的演讲，其实不是真正的“即席发言”，因为这是平日就有所准备的。题材是已知的，你所要进行的工作就是如何在适当时间、适当场合，对一定的问题发表高见了。你不用心慌，既然是即席发言，时间就一定很短，因此应先确定哪方面适合当前的场合，然后就大胆地说话，不必因为自己没有准备而表示歉意。

三、训练即席发言的能力。

因为缺乏即席发言的能力，很多人一遇到这种情况就怯场，就惶恐，一些原本口才很好的人，也会变得“口将言而嗫嚅”。因此，我们有必要训练自己即席发言的能力。其中最重要的，就是心理素质的提高。

1. 要有积极的姿态。

对面临的话题要主动，要立即进入积极思维的状态，坚定相信自己能就此发表一通议论。如果消极迟疑，只会在惶然中思维紊乱，脑子里一片空白。

2. 要有勇气赢得听众。

要相信自己的讲话对大家会有所启发，要有直陈己见的勇气。在听众面前“自惭形秽”是肯定讲不好的。

3. 用心理暗示的手段。

不要总是想到失败，自我泄气必然使自己沮丧，多想自己曾获得的成功，你会挺起胸膛。

4. 运用“接近艺术”。

要把听众看作是你的朋友，注意用谦和的语态架设沟通的桥梁。在引起共鸣时趁热打铁，当引起听众不悦时，要很快对内容或语态作应变性调整。

5. 期望值不要太高。

不要期望简短的讲话会引起轰动。过高的期望是给自己背上沉重的包袱，如果是定位于把问题讲清，别人能理解、接受，其他暂不考虑，也许会取得意想不到的效果。

四、即席发言的步骤。

最后，还要介绍一下即席发言的四个步骤：

第一步，一开头就吸引听众的兴趣。

每个人都知道，演讲的开场白相当重要，但要想三言两语就抓住听众的心，并非易事。如果在一开始，听众对你的话就不感兴趣，后面的话再精彩也无济于事。一般来说，听众对平庸普通的论调不会感兴趣。因此，即席发言绝不能平铺直叙。比如说，你最好不要这样开头："今天，我要讲的内容是……"这很老套。你不妨用一个笑话、一个小故事作为开场白，这样别具一格，往往能勾起听众的好奇心。

第二步，简明扼要地说明观点。

说明自己的观点不要太啰嗦，因为你只是在做一次短暂的发言，而不是长篇大论。你的话简明扼要，能把你的观点说清楚就可以了。

第三步，用鲜活的例子去证明它。

大道理说再多也难以打动人心，因为人们对枯燥的理论天生就有一种抵触心理。但鲜活生动的例子就不同了，它有一种天然的魅力，可以吸引人们的注意力。用这些例子去证明你的观点，往往可以起到事半功倍的效果。

第四步，提出具体的解决方案。

人们期待你的发言，就是要看你对所论述的问题有没有具体的解决办法。就算你的理论再高明，如果不能解决实际问题，也等于什么都没说。

最成功的即席发言，都是真正的当场表演，发言表达的也是说话人对听众和场合的感想。可以说，即席发言是为这个场合和听众而量身定做的。其成功关键在特殊的时刻绽开了鲜艳的玫瑰，是昙花一现，不多时便又萎谢，可是听众所享受到的愉悦却绵延不绝，在尚未弄明白之前，他们就将你当成即席发言的专家了。

第十一天

强化训练：快速掌握说话技巧

说对话的艺术不是那么容易掌握的，也不是什么人一生下来就有这种天赋。实际上，大多数好口才的人，都是经过了无数个日日夜夜刻苦的训练，才能获得今天的成就。任何技能的掌握都不是一朝一夕的事情，包括说话。我们这一章，只告诉你训练的方法。至于能把这种技能训练到什么境界，就看你自己的努力了。

尽量多说、多练

口才的训练，不是一朝一夕就能完成的，它需要长期的努力和坚持。看看古今中外那些演说家、辩论家，一个个口若悬河、能言善辩。他们之所以有这样好的口才，无一不是刻苦训练的结果。

日本前首相田中角荣，因为在他的任上实现了中日邦交正常化，所以被人们称为和平的使者，在中国人的心目中具有很好的声誉。他少年时代曾患有口吃，可是他不怕困难，勤学苦练，不仅克服了口吃，还能言善辩。他练习口才的方法主要是经常朗诵或慢读文章。为了能够准确发音，他对着镜子纠正嘴和舌根的部位，严肃认真，一丝不苟。

肖楚女是一位有名的演讲家，靠平时的艰苦训练，练就了非凡的口才。在重庆国立第二女子师范教书时，他除了认真备课外，每天天刚亮就跑到学校后面的山上，找一处僻静的地方，把一面镜子挂在树枝上，对着镜子开始练演讲，从镜子中观察自己的表情和动作，经过这样的刻苦训练，他掌握了高超的演讲艺术，他的教学水平也很快提高了。1926年，他年方三十，就在毛泽东主办的广州农民运动讲习所工作，进行宣传工作，他的演讲至今受到世人的推崇。

著名的数学家华罗庚，不仅具有超群的数学才华，而且还是一位不可多得的“辩才”。他从小注意训练自己的口才，靠背诵文章来锻炼口才。他能够背诵唐诗四五百首，他的口才就是这样锻炼出来的。

每个人都希望有一副过硬的口才，可是奥妙在什么地方呢？

华罗庚总结练“口才”的体会时说的：“勤能补拙是良训，一分辛苦一分才。”

可见，要培养好口才，关键还是多说、多练！下面再介绍几种行之有效的训练方法，如果照此联系，对口才的培养，必将大有助益：

1．快读法。

具体做法是，找一篇精彩流畅的演讲，或者文辞优美的散文，然后找个僻静的地方，大声地朗诵它。就像上小学、上中学我们朗读课文一样。一开始，你可以读得慢一点，熟练之后，就逐渐加快速度，一次比一次读得快，最后达到你的极限。读的过程中，不要停顿，但发音要准确，吐字要清晰，尽量发声完成。

2．背诵法。

跟快读法一样，先找一篇文章来读，只不过，你要把这文章背诵下来。在背诵的过程中，不要求声情并茂，只要熟练记忆就可以了。然后，在背诵的基础上大声地背出来，并随时注意你的发声和语调。这时候，你要带上一定的感情来背诵。如此反复，直到你能声情并茂地把全文背诵出来。

3．复述法。

同样以一篇文章为起点，但这种练习不在于简单地背诵，而是在理解的基础上，把基本的情节用自已的话描述出来。随着练习的深入，就不仅仅要复述情节了，还要把人物的语言、描写语言也表述出来。

4．描述法。

将一幅画或者景色作为对象进行描述，用自已的语言去描述你所看到的一切。这种训练有点类似于口头作文，关键是要抓住特点进行描述，语言要清楚明白，尽量生动、活泼些，如果能有一定的文采那自然更好。

5．讲故事法。

你的身边也许发生过许许多多的故事，或者你亲身经历，或者道听途说，你不妨把它们讲出来，讲给你自己听。讲述之前，你可以先研究一下人物的性格特征，以及人物之间的关系。对你所掌握的材料进行分析、研究之后，你就可以开始讲了。你要反复练习，使自己投入到故事中去，力求在讲述中做到语言惟妙惟肖、生动形象。

练习说话的“基本功”

也许有的人从小就伶牙俐齿，但真正的好口才，都是后天训练出来的。那么，怎样才能训练好口才呢？这当然要从基本功练起。

一、注重自己说话的语调。

有人说“嗓音是身体的音乐，语调是灵魂的音乐”。语调能反映出你说话时的内心世界，你的情感和态度。同样的话，如果用不同的语调表达出来，其效果也必然大相径庭。有的人说话时，语调非常快，不容别人插嘴；有的则吞吞吐吐、慢条斯理，让人失去耐心；还有的人装模作样、拿腔拿调，让人浑身不舒服。

也许你的声音与生俱来、难以改变，但你却可以修正自己的语调。无论在什么场合，也无论你是什么职业，都要使说话的语调要与你的身份相符，或高昂，或低沉，或轻柔，或威严，或谦逊。否则，如果你是个赳赳武夫，却偏要轻声细语，那只会让人倒胃口。

二、充满热情与活力。

响亮而生机勃勃的声音给人以充满活力与生命力之感。当你向某人传递信息、劝说他人时，这一点有着重大的影响力。当你讲话时，你的情绪、表情同你说话的内容一样，会带动和感染你的听众。

三、注意说话的节奏。

节奏，即说话时由于不断发音与停顿而形成的强弱有序和周期性的变化。在日常生活中，大多数人根本不考虑说话的节奏，而说话时不断改变节奏以避免单调乏味是相当重要的。

节奏的重要性可以从以下事实看出：每一种语言都有其自己独特的重音和语速。法语不同于德语，英语不同于西班牙语，汉语又不同于英语。人们容易认为，诗歌与散文的节奏有很大差别，其实两者的相对区别则在于一种规则与不规则的重读上。诗歌具有规则的可把握的重音，散文的形式则是不规则的。当人们处于一种压力之下时，他们便不由自主地使用一种比散文更自由的节奏讲话。

四、注意说话的速度。

在语言交流中，讲话的快慢将不同程度地影响你向他人传递信息。速度太快如同音调过高一样，给人以紧张和焦虑之感。如果你说话太快，以至于某些词语模糊不清，他人就无法听懂你所说的内容。

另一方面，如果速度太慢，则表明你领会迟钝、过于谨慎。努力保持恰当的说话速度，不要太快也不要太慢，并在说话时不断调整。当你想和别人交谈时，选择合适的速度以引起他人的注意。任何情况下都不能吞吞吐吐，否则，你除了被冠以“思维迟钝”之外，也许还会被认为是个傻瓜。偶尔的停顿无关紧要，但不要在停顿时加上“嗯”或紧张不安地清嗓子。

五、戒掉口头禅。

如果你说话有口头禅，最好想办法戒除。一般来说，可以尝试以下方法：

1. 平时听广播、看电影时，可边听边轻声跟着说。久而久之，你会惊喜地发现：自己的口语精练了，口头禅少了，连普通话水平也提高了。

2. 反馈法。听听自己的讲话录音，对自己讲话中的口头禅产生深恶痛绝之感。这样，往往能使自己讲话时十分警惕，力戒口头禅。

3. 放慢语速法。在一段时间内，尽量讲慢些，养成从容不迫地思维和说话的习惯，一句一句想，一句一句说。这样做很有助于克服口头禅。待口头禅克服后，再根据不同的表达需要，适当加快语速。

使用上述方法训练多次后，可及时总结，找出一两种最有效的方法，进行强化训练，以便更彻底地戒掉口头禅。

丰富的知识是说话的基础

一个人就算舌头再怎么灵巧，如果腹内空空，没有一点东西，说出来的话定然高明不到哪去，不是空洞无物，就是枯燥乏味。

因此，想要训练出好的口才，首先要有丰富的知识作基础。

战国时候的苏秦，是历史上公认的“铁嘴”。你看他孤身游说六国，一开口就如悬河之水、滔滔不绝，说得六国国王一愣一愣的，心甘情愿把各国的相印拱手相送。

这苏秦哪来这么好的口才？生得一条三寸不烂之舌固然可贵，但更重要的是一肚子的知识。他对天下的政治形式、军事韬略、山川地理以及风土人情可以说是了然于胸。这使他有话可说，也有料可卖。

曾几何时，落魄不得志的苏秦头悬梁、锥刺股，玩命似的苦读，为的就是能够学富五车，为自己将来游说列国打好基础。试想，在那个百家争鸣的年代，到处都是演说家，口才好的人不知道有多少，为什么只有苏秦能独领风骚?

说到底，还是人家有渊博的知识做后盾，再加上一张巧嘴，那就如虎添翼了。

因此，要想成为一个知识渊博的说话人，除了要训练口才之外，还要注意知识的积累。具体来说，需要从以下几个方面努力。

1. 多读书看报。

当今社会是信息爆炸的时代，各式各样的出版物以不同语言出版发行，数量迅猛增长。绝大多数信息都要靠书面形式来传播，因此，多读书看报是收集信息、学习知识最直接有效的途径。对有些图书报刊，你可以边读边做笔记，对重点、有用的内容可做出摘录，以备查阅。同时，也可以边读边记忆，把重要的信息吸收进来。

2. 培养写的技巧。

说的技巧固然重要，但写的传播技巧，也能影响到说。写作需要一套完整的技巧，语言思维能力、语言修辞水平、表达能力、书法等对写作都具有重要作用，要想写好必须勤于动笔，经过艰苦、长期的磨炼才能达到“下笔如有神”的境界。

3. 学习别人的说话技巧。

听是说的开始，要会说首先要学会有效地听。在你听别人演讲，或者听别人谈话时，随时都可能听到一些精彩的言论。特别是一些说话高手的演讲、谈话，也许听到只言片语，就会让你受用不尽。你可以把别人精彩的谈话在心里重复一遍，或者记在本子上。久而久之，你说话的题材、资料就会越来越多，你说起话来自然也能出口成章了。

4. 积累、运用谈话素材。

对于谈话题材和资料，一方面要不断吸收，另一方面要切实地去运用。要知道，你学习、积累谈话素材的最终目的是运用。如果不能运用到实际说话中，你积累的素材再多又有什么意义？你仍然还是一个不会说话的闷罐子。

总之，好的口才，来自于平时的积累和训练，它是一种厚积薄发的技巧。丰富多彩的语言，来自丰富多彩的生活。因此，要想使自己的说话内容丰富起来，就必须对家事、国事、天下事经常关注，从中汲取对我们有用的知识。然后，还要对所见所闻加以思考，认真研究一番，尽量去了解其发生的过程、意义，并从中领悟一些道理——这些都是积累知识的机会。

假如把一个口才极佳的人关进一间牢房，既不让他读书看报，也不让他和任何人交谈。几年后再把他放出来，就算他还能说话，估计也没人愿意听了。

为什么会这样？因为他的话必然非常枯燥无味。

你若不想说话空洞无物，就绝不能做井底之蛙。你要静下心来去努力学习，拓展自己的视野。只有这样，你说出的话才会符合潮流、内容丰富。

让你的声音更完美、动听

一个人说话，别人喜不喜欢听，跟他（她）的声音大有关系。比如，很多电台的主持人，都要求有一副好嗓子，或甜美，或磁性。如果主持人的声音嘶哑难听，他（她）主持的节目恐怕没有人喜欢。

声音的训练，可以从以下几个方面着手：

1. 正确、恰当的发音。

我们所说出的每一个词、每一句话都是由一个个最基本的语音单位组成的，然后加上适当的重音和语调。正确而恰当地发音，将有助于你准确地表达自己的思想，也是提高你的言辞智商的一个重要方面。只有清晰地发出每一个音节，才能清楚明白地表达出自己的思想。

相反，不良的发音将有损于你的形象，有碍于你展示自己的思想和才能。如果你说话发音错误并且含糊不清，这表明你思路紊乱、观点不清，或对某一话题态度冷淡。当一个人没有很大的激励作用而又想向他人传递自己的信息时通常如此。令人遗憾的是，许多管理人员经常出现发音错误并养成了一种发音含糊的习惯。有些人养成了他们自以为是的一种老板式的说活腔调，说话哼哼嗯嗯，拖腔拉调。他们还以此为得意，认为这样才体现出自己的威严及与众不同。但其结果可能是适得其反，因为这种“官话”会使下属感到极不自然，从而产生一种本能的抵制情绪。

2. 不要让你的声音尖得刺耳。

很多人紧张时发出的声音往往又尖又高，非常刺耳。

其实，语言的威慑和影响力与声音的大小是两回事。不要以为大喊大叫就一定能说服和压制他人。声音过大只能迫使他人不愿听你讲话而讨厌你说话的声音。与音调一样，我们每个人说话的声音大小也有其范围，试着发出各种音量大小不同的声音，并仔细听听，找到一种最为合适的声音。

3. 不要用鼻音说话。

当你用鼻腔说话时，发出的声音让听者十分难受。在日常生活中，我们经常听到“姆……哼……嗯……”的发音，这就是鼻音。如果你使用鼻腔说话，第一次见面时绝对不可能引人倾慕。你让人听起来似在抱怨、毫无生气、十分消极。有些人将“哼嗯”这种鼻音视为一种时髦的说话方式，但如果你想让自己所说的话更具吸引力和说服力，如果你期望自己的语言更加富有魅力，从现在开始就别再使用鼻音！

4. 控制说话的音量。

我们每个人的音域范围可塑性很大，有的高亢，有的低沉，有的轻盈，有的浑厚。说话时，你必须善于控制自己的音高。高声尖叫意味着紧张惊恐或者兴奋激动；相反，如果你说话声音低沉、有气无力，会让人听起来感觉你缺乏热情、没有生机，或者过于自信，不屑一顾；或者让人感觉到你根本不需要他人的帮助。

有时，当我们想使自己的话题引起他人兴趣时，便会提高自己的音调。有时，为了获得一种特殊的表达效果，又会故意降低音调。但大多数情况下，应该在自身音调的上下限之间找到一种恰当的平衡。

长话短说，语言一定要简练

说话多的人，不一定口才就好。口才好的人，也不一定真的会说话。

什么意思呢？比如有的人很能说，一张嘴就停不下来，发表意见时往往唾沫横飞、滔滔不绝地说上半天。表面上这人口才很好，可仔细一听就发现问题了，原来他说的全是空话、废话，一句也没说到点子上。比如，下面这种发言就非常典型：

“我们是有想法的，这个、这个……我们是这样认为的，学校厨房嘛，炊事工作，炊事人员，这个这个，在有些方面还是有困难的，有麻烦的。他们炊事人员嘛，有他们的难处。这个……我们学校，一所师范学校，大致算起来，有七百多人，这个这个七百多人有学生，有教师，有职工，还有家属……这个这个，当然，不能把外面搭伙的什么小工啊，开汽车的啊，做小生意的七七八八的人也算在内，他们不能算我们学校的人。但是也在我们的食堂就餐呀，这个……七百多师生员工，各有各的情况，各有各的口味，说实话，要做到每个人都说好，各个人都没有意见，人人都满意，同志们哪，这是，这是困难的，是很难办到的！”

这位领导啰里啰嗦讲了这么一大堆，无非是在说“学校人多，食堂众口难调”。本来很简单的事情，居然说得这么烦琐！一个人总是这么说话，谁受得了啊？

相反，有的人话虽然不多，只寥寥数语，却能把意思表达得清清楚楚，明明白白，没有一句多余的废话。两相比较，哪个人更会说话呢？当然是后者！

兵书上说：兵不在多而在精。同样道理，说话也应以“精”为好。

《墨子闲话》中记下这样一个故事：

子禽有一次问他的老师墨子：“多言有好处吗？”

墨子回答说：“青蛙日夜都在鸣叫，弄得口干舌燥，却不为人们所爱听。而晨鸡一声啼，天下都被叫醒了！多言有什么好处？话要说到点子上才好。”

事实正是如此，说话一定要简练，太啰嗦了反而说不到点子上！

比如某些领导人开会，坐在台上哇啦哇啦一大通，天南海北不着边际。该讲的问题不讲，不该讲的大讲特讲，而且还讲得抑扬顿挫、兴致盎然。可台下的听众呢？早已是昏昏欲睡，甚至是鼾声四起了！

真正有号召力的讲话，是用不着长篇大论的。且看下面的例子：

秦朝末年，陈胜、吴广振臂一呼，发动了大泽乡起义。但是，在这样彪炳史册的壮举中，陈胜只讲了短短几句话："公等遇雨，皆已失期，失期当斩。藉弟令毋斩，而戍死者固十六七。且壮士不死即已，死即举大名耳，王侯将相宁有种乎！"总共46个字。

英雄豪杰说话，如春雷乍起，掷地有声。不需要太多言语，周围人早已热血沸腾。

莱特兄弟发明飞机后，前往欧洲进行飞行表演。在法国的一次欢迎酒会上，各界人士聚集一堂，再三邀请莱特兄弟演讲。大哥韦尔伯盛情难却，于是风趣地说："据我所知，鸟类中会说话的只有鹦鹉，而鹦鹉是飞不高的。"

这只有一句话的演讲，却妙趣横生，立刻博得了经久不息的掌声。

不要以为简短的讲话很容易，事实上，一番简练、精彩的演讲，所费的脑细胞要比那些长篇大论要多得多。因为废话说出来之前，是不用经过大脑的。

有人问美国第28任总统伍德罗·威尔逊："您准备一份十分钟的讲稿，得花多少时间？"

威尔逊回答：“两个星期。”

“准备一份一小时的讲稿呢？”

“一个星期。”

“两小时的讲稿呢？”

“不用准备，马上就可以讲。”

这是什么道理呢？其实很好理解，因为要表达同一个意思，你说的越多，压缩内容的任务越轻，自然所需准备时间就少了。反之，你说得越少，还要把意思表达出来，必然要努力压缩文字，力求将主要内容清晰地传达给听众，这当然是要多花时间、大伤脑筋了。

总之，话不在多，说得好就行。简练、准确是会说话的一项重要标准。

改掉说话中的毛病

不少人说话随意惯了，这就难免养成各种坏毛病。只要稍加留意，你就会发现这些毛病无处不在。比如有的人一张口就满嘴脏话，收也收不住；还有的人喜欢啰嗦，几句话颠来倒去地说……说话的毛病有很多，不注意改正常会让人厌烦。

下面是四种人们不太注意的毛病，一定要及时改正：

毛病之一，言词纠缠不清。

善于辩论的人，单单抓住事物的本质驳斥对方并阐述本义。这种人办事机敏，头脑清晰，洞察力强，能正确分析形势，随形势而灵活变化。不善于辩论的人往往舍本逐末，在细枝末节上纠缠而看不到主题和大方向。

毛病之二，言语多为意气之争。

善于争论的人往往巧妙避过对方的锐气，而抓住对方的主要弱点，逐条批论，让对方输得无言以对，心服口服。不善争论的人缺乏论辩技巧，不善迂回，抓住对方的失误就不放手，企图一举击倒对方。这种硬碰硬的方法，为兵家大忌，结果是双方互不服气，成为意气之争，未达到应有的目的，甚至把可处理好的问题也给弄糟了，造成双方对立之势。在处理对立情绪的两方人事时，不宜派后一种人做代表，一旦在交涉中意气用事，克制不住自己，就会把好事做成坏事。这种情况，有深浅之别，浅者不欢而散，深者造成彼此敌对情绪；轻者恶语伤人，重者拔刀相向。

毛病之三，强迫性说教。

有的人经过长时间思考、探索才得出的结论，企图让别人马上就要接受领会。当对方不能立即领悟时，就认为对方笨，不可教化，强迫对方接受自己的理论。这种人不适合做教育工作，可以独善其身，一时之间难以辅助他人。针对小学生的教育尤其要注意这一点。许多刚走上小学教师岗位的同志，以己之心度小学生之心，认为1+l=2还不容易吗？认为记忆汉语拼音字母表、乘法口诀还不容易吗？结果使学生大吃苦头。这是因为我们的新老师太急躁的缘故。l+1=2是简单，但小孩子尚有一个接受消化的过程。以此类推，此种情况是不少见的。

毛病之四，不察彼意就责备对方。

人们在讲话时，对方也许正在琢磨上一句话或其他什么事，而不清楚讲话人当前的内容。如果讲话人不分青红皂白，就责难对方“不专心”“不尊重人”“糊涂”，往往会激怒对方。这种人容易冲动，往往在没弄清事实真相前就妄下结论，做事凭感觉而不理解分析，往往会无风起浪。

怎样说话既清楚又流利

一个人讲话时迟疑不决表明他思路紊乱，还没有定型。那些讲话磕磕绊绊的人很少能够打动我们，这样的人几乎说不出什么值得我们去注意的东西。只有意志蓬勃而刚毅的人，才会有活跃的思维。

当然，恰当的停顿不属于不流利，因为我们经常利用停顿展开新的思路，或者从一个要点过渡到另一个要点，或者重复某个词以期给听众留下更深的印象。

磕绊的次数是可以数出来的，这也是熬过听那些令人生厌的讲话的有趣方法。在大多无味的讲话中都会磕绊。在你自己的讲话中，请别人数一下你发生磕绊的次数具有很大的实际价值。平均每分钟磕绊次数 15 次就表明不合格，两三次表明优秀。

很少有人能够在即兴讲话中不出现磕绊情况。我们发现最多达到每分钟 30 处，有许多教授也有 20 处之多。

克服说话紧张的心理

很多人有这样一种心理，他们害怕说话。在熟人面前还没什么，若与陌生人在一起便闭口不言，如果让他当众讲话，那比送他上刑场还难受。就算勉强说几句，也是磕磕巴巴、语不成句。这里的原因有很多，或因为羞怯，或因为自卑，他们从不敢大声说话。

事实上，这些人之所以沉默寡言，就因为他(她)一说话就紧张得不得了。而且，越紧张越说不出来，舌头好像抽了筋似的，话在嘴边就是不知道该怎么表达。这种感觉非常痛苦，于是有些人就干脆放弃了，不说了。

有一次，一些政府官员参加一个制药公司的庆功典礼。制药公司研究处的六名下属分别发言。这些人声音洪亮，用词准确，语言流畅，获得了与会人员的高度评价。

一位官员对制药公司研究处的处长说：“真是太神奇了，你的手下简直是魔术师。你应该来给我们讲讲。”

这位研究处长神情黯然地说：“我不会说话，我只能对着自己的脚讲话，无法面对观众。”这位官员没有说什么，可是过了一会儿，主持会议主席的话使这位处长大吃一惊……

主席说：“我们还未听过研究处长讲话，虽然他说‘不喜欢发表正式演讲’，不过我还是要请他给我们说几句话，大家认为怎么样？”

自然是赢来一阵掌声，可是处长站起来，好像费了九牛二虎之力才辛辛苦苦地挤出几句话。显露出一副狼狈的样子，正是人们经常说的“茶壶装汤圆——肚子里有货倒不出来”。

一个科学上的领军人物，在自己的行业里是杰出人才，却无法在其他人面前很好地表现自己的才能，这是很遗憾的事情。

其实，说话紧张是一种心理习惯，完全可以想办法克服。

有一种消除紧张的方法，是改变你自己说话的方式。你可以试试看，当你一直说着紧张的事时，你便会开始变得容易紧张。而当你心情放松时，说话也会异常流利。

嘴巴说的话正好可以反映出你的思想，这是互相影响的。当你心情紧张，说话就会不由得嗓门变大。如果你不再说话紧张，慢慢的这种讲话习惯也会影响你的思想。所以你该试着让自己降低说话音调及速度，尽量使用平静的语调及字眼，这就可以改善你的紧张心理。

说话时要轻松自在，注意声音的高度，随时要有所节制。如果在未说完之前被人打断，你要心里知道，可能那个人是因为内心紧张，就让他先说好了。等他说完，你再接下去说，或许你就不想再说了。这是现代人因为紧张而形成的恶习，不论是否有话说，反正开口叽里呱啦一番就好了。

放轻松说话，如同你在做其他事的时候一样，它可以让你产生宁静祥和的感觉。

此外，你还要锻炼随机说话的能力。

你可能会这样说：“如果我事先做好准备并加以练习，我也能够克服这种紧张，可是如果突然被人请起来发言，我就会手足无措，不知所云。”

无数事实证明，在情急之下能够把握自己的思想并发表一番流畅的谈话，就某些方面而言，比要经过长时间努力准备之后才能演讲更为重要。

现代社会是一个信息社会，一个现代人必须学会这种即席发言的能力。不要说是即席演讲，就是在平时的交谈过程中，如果该说的时候说不出来，时间一过，你即使再想说也没有机会了。因此，口头沟通是必须的、随意自在的，这种即席发言的能力，是每一个希望出人头地的人所不可缺少的能力。

每个人都要学会迅速动员自己的思想并组织流畅的语言来表达自己思想的能力，这是时代的要求。

不管是在政府机构，还是在公司的董事会，很多重要的事情都不是一个人决定的，而是在很重要的会议上决定的。在这样的会议上，你的言论是不是能够发挥应有的作用，是不是能够影响决议的最后形成，与你的这种随机发言的能力是密切相关的。如果能够在这种会议上充分地发表自己的高见，你的思想就能够形成最终的决议。否则，你即使满腹经纶，也是没有用武之地的。这就是随机说话的重要作用，也是随机说话能力的独到之处。

改掉口吃，让你说话更流畅

一个人的口才，要想在生活和工作中游刃有余，必须经过长期的训练。

我们常常遇到这样的窘境：脑子里要说的内容已经有了，但说起来却结结巴巴说不顺畅。这是什么原因呢？这是因为，这些内容从想象到说出来还有一个转化过程，思路清楚只是一方面，但要把话流畅地说出来，还需要坚持不懈地训练。

训练口才不仅需要刻苦，还必须掌握科学的方法，这样才能事半功倍，立竿见影。而所谓科学的方法，其实无外乎观察、学习与模仿三个方面。

任何技能、知识的学习，都是从这三方面开始的，口才当然也不例外。

为了训练口才，林肯曾经徒步30英里到一个法院去听律师辩护，观察他们如何论辩，如何做手势。他一边倾听，一边模仿。他听到那些云游八方的传教士挥舞手臂、声震长空的布道，回来后也学他们的样子，对着树、树桩、成行的玉米进行训练。

天生就口若悬河的人并不多，口才大都是后天养成的。比如说，不少人一开始表达能力并不强，说话吞吞吐吐、前后脱节、说半截子话、说“车轱辘话”等。然而，他们经过训练，整个人可以焕然一新，变得能说会道。这绝不是夸张，类似的例子有很多：

据文献记载，说话不流畅的著名人物很多，比如作家沈雁冰(茅盾)、历史学家顾颉刚、著名铁路工程师詹天佑、诗人柳亚子甚至光绪皇帝，说话都是结结巴巴，严重的甚至“口吃”。但是，经过正确的训练都矫正过来了。

有一位很有名的口吃矫正专家叫钱厚心，他本人就曾是一个严重的口吃患者！由于口吃，他不能自如地发表自己的见解，在生活、工作中常碰钉子，甚至被人羞辱嘲笑。

后来，他下了很大决心，通过持之以恒的刻苦训练，终于摆脱了口吃的苦海。有一次，他作为杭州市贸易代表团的代表在江西南昌市的“八一礼堂”面对五六千人发表讲话，他出口成章，赢得了热烈的掌声。

英国前首相丘吉尔、日本前首相田中角荣原来也不善辞令，说话也有些口吃。但是，经过刻苦训练都成了演说家。田中角荣还用他雄辩的口才说服了反对派，顺利实现了中日关系正常化。1940年春末，当30万溃散的英军挣扎在英吉利海峡、正准备撤回英国本土时，又遭到德军的猛烈轰炸，英国处于沦亡的边缘。这时，丘吉尔通过无线电台发表慷慨激昂的演说，他大声疾呼："我们永远不投降……"他的言辞激动人心，鼓舞着英军和全国民众以必胜的信念与德军展开殊死的战斗。他的那篇演讲已经永载史册。

所有的一切说明，口吃并不可怕，怕的是你不愿意改变、不愿意训练。居里夫人说过："人必须有恒心，特别是要有信心、耐心。"这是一个人的心理素质，特别重要。

说话口吃的人，一般有以下几种情况：

第一，说话容易冲动，思维与表达接不上茬儿，形成矛盾，说话就"口将言而嗫嚅"了。

第二，性格比较急躁，思维意向尚未确定，对一些问题尚未想好就随口说了起来。这样，当然是越说越不成"话"了。

第三，在公开场合说话产生恐惧感、畏怯感，这时说话犹豫不决，生怕别人笑话，说起话来就吞吞吐吐了——其实，越怕别人笑话，越是自己在制造"笑话"，倒不如丢掉一个"怕"字，换上一个"敢"字，壮着胆子说起来。所以，必须把培养健全的心理素质放在语流训练的首要地位。

改掉口吃不是一朝一夕的事情，这里我们提两点建议：

第一，与读、写、听相结合。

你可以做一些强化训练，强迫自己去说话。比如，在说一段话之前先写一写、读一读、听一听别人怎么说，在这个基础上去练习，这样就会相对顺利一些。

第二，采用自言自语的办法。

如果因为口吃而害怕和别人对话，你可以先和自己说话。采用自言自语的办法练习对话，你可以放慢速度、放开胆量畅所欲言。

说话要条理分明

在谈话过程中，无论你事前准备得多么充分，无论对胜利抱有多大信心，你所有的准备、方法、信心，都必须用语言表达出来。

语言要左右协调，前后照应。一句话是不是说得合适，能不能取得预期效果，不仅仅取决于谈话的对象、目的、场合、心境，也取决于上下文的关联。如果我们在运用语言时没有注意上下文的配合、照应，那么听话人就无法辨别表达者究竟表达了什么思想，要么引起理解上的歧义，要么不知所云。因此，交谈必须注意周密安排，言之有序，前后关联。

说话要有条有理，层次清楚，这是对语言的基本要求。

根据说话的目的不同，详略、重点的选择都应该有所不同，否则，就会降低语言表达的效果，有时甚至喧宾夺主，很难实现说话的目的。

我们来说说大科学家法拉第的故事：

他是一个穷孩子，住在伦敦的一个破旧不堪的马棚里，每天的工作就是背着一大捆报纸到街上去卖，每份报纸一便士。他就靠这点钱来维持自己的生活。他还在装订商和图书出版商那里当过7年的学徒。

有一次，他在装订《大不列颠百科全书》时，无意间看到了一篇介绍电的文章，这篇文章就像磁铁一样吸引了他，直到一口气把这篇文章读完为止。他完全被电吸引住了，只见他找来一个玻璃瓶、一个旧的平底锅，再加上几件很简单工具，就开始做有关电的试验了。

有一位顾客被这个小男孩的好奇心感动了，他把法拉第带去听著名化学家弗莱·戴维的讲座。法拉第听了戴维的讲座，斗胆给他写了一封信，并且把自己听讲座的笔记送给戴维审阅。

就在此后的一个晚上，正当法拉第准备上床睡觉的时候，戴维的马车停在了他那很简陋的住所门口，一个仆人走下马车，递给法拉第一封戴维的亲笔信，信中邀请法拉第到他的那里去。他读着这封神圣的信，简直无法相信自己的眼睛。

第二天早晨，他去拜访戴维先生。下面是他们见面的一段对话：

戴维："很抱歉，我们的谈话随时有可能被打断。不过，你现在很幸运，因为此时此刻，实验仪器还没有爆炸。法拉第先生，信和笔记本我都看了。你在信中好像没有说明在哪里上的大学。"

法拉第："我没有上过大学，先生。"

戴维："噢？可你做的笔记说明你显然是理解这一切的，那又怎样解释呢？"

法拉第："我尽可能去学习一切知识，还在自己房间里建立了小实验室。"

戴维："年轻人，我很感动。不过，可能因为没到实验室中干过，所以才愿意到这儿来。科学太艰苦，要付出极大的劳动，而只有微薄的报酬。"

法拉第："但是，只要能做这件工作，本身就是一种报酬啊。"

戴维："哈哈，你看我眼边的伤疤，这是在氢实验中引起的一次爆炸留下的。我想，你装订的那些书籍总不曾将你炸痛，让你出血或把你打昏吧。"

法拉第："是的，不曾有过，但每当我翻开装订的科学书籍，目录常常使我目瞪口呆，神魂颠倒……"

这段对话重点突出，详略得当，饶有趣味。戴维爵士所强调的是从事科学研究不是一件轻松的事，需要付出艰苦的劳动，甚至要付出伤残或牺牲的代价，而法拉第所表示的是对知识的强烈渴望，对科学的执着追求。

谈话的结果是戴维爵士破格让法拉第当了自己的助手。从此，法拉第便在科学事业中大显身手了。假如当初一个强调学历，另一个贪图金钱，那肯定是另一番情形了。

很多事情都是错综复杂的，要叙述得有条不紊，就必须考虑说话内容的顺序。先说什么，再说什么，最后说什么，一定要做到心中有数。如果东一榔头西一棒子，头上一句脚下一句，那么，即使是最简单的事情，也不可能叙述清楚。

说话和写文章一样，有详有略，详略得体。该详则详，该略则略，突出重点，切不可不分重点，平铺直叙。“文似看山不喜平”，说话只有变化多姿，才能生动形象。

是详是略，与听众的关系极为密切。从传递信息的角度来说，必须讲究适度。如果你所说的内容对方完全了解，而你却口若悬河、滔滔不绝，这样不但浪费了时间，而且冲淡了重要的话题，甚至会使对方讨厌。相反，对于对方不知道或重要的内容，如果笼统模糊，或避而不谈，这样就起不到互通信息的作用，满足不了对方的要求，达不到预期的目的。

因此，在谈话中，正确的方法是：对方知道的或不重要的少说或不说，点到即可；对方不知道的或重要的则要多说或详说，说得恰到好处，并且适可而止。

为了使你的话更有条理，你可以采用以下方法进行训练：

1. 为自己提供一个说话模式。

你可以把常见、常用的句群组合起来，形成一个说话模式。提供“模式”就为较快形式表达提供了某种参照，这样说起来就比较顺畅了。

2. 把你散乱的思维连缀起来。

当话题出现时，有的人心里明明有想法，却不知道该怎么表达，他的比较模糊。就像一盘散沙。“思维连缀”就是要根据话题的中心意思，对游移不定的思维点进行筛选，然后将其排列聚拢，从而形成有条理的语言。

3. 沿着别人的话题往下说。

有的人说话比较凌乱，你可以根据他的意思，用自己的话重新表达出来，力求组合的合理性。针对别人杂乱零碎的讲述，揣测其中心语义，重新构建表达框架，并流畅地重说一遍。

在进行以上训练时，可以从分析说话录音入手。在陈述性表达中，可以在适当的地方直接点明中心语义，以此作为意核组织表述内容。